LA FRANCE
PÉRIPHÉRIQUE

Du même auteur

Fractures françaises, François Bourin, 2010 ; « Champs », 2013.

Christophe GUILLUY

LA FRANCE PÉRIPHÉRIQUE

Comment on a sacrifié les classes populaires

Champs actuel

ISBN : 978-2-0813-4751-9

Introduction

Voilà près d'un demi-siècle que les classes dirigeantes cherchent à adapter la société française aux normes de l'économie mondialisée. Ce rêve est enfin réalisé, et avec succès ! La création de richesses est au rendez-vous, le PIB n'a cessé d'augmenter, les grandes entreprises françaises dégagent des bénéfices record, le nombre de millionnaires augmente, et la France se classe désormais au 7e rang de la richesse moyenne par ménage. Plus encore, la société tout entière semble progresser : la part des cadres supérieurs dans la population active a doublé entre 1982 et 2010, passant de 7,6 à 15,8 %, et celle des anciens cadres moyens, les « professions intermédiaires », a augmenté de 19 à 23 %. Un enrichissement permanent, des entreprises qui réussissent leur intégration dans l'économie-monde, de plus en plus de cadres : bien des indicateurs prouvent que la mondialisation est une bénédiction.

Miroir des dynamiques économiques et sociales, les métropoles viennent d'ailleurs conforter ce diagnostic. Vitrines de la mondialisation heureuse, ces dernières illustrent à merveille la société ouverte, déterritorialisée, où la mobilité des hommes et des marchandises est source de création d'emplois, de richesses et de progrès social. Ces territoires produisent désormais l'essentiel des richesses françaises en générant près des deux tiers du PIB national. Le modèle « libéral-mondialisé » y est à son apogée. On y retrouve les secteurs économiques les plus actifs et les populations les plus compatibles avec les exigences d'un modèle déterritorialisé et… inégalitaire. En effet, le marché de l'emploi ne s'adresse plus à tout le monde, mais surtout aux plus qualifiés, et aux peu ou pas qualifiés. Exit la classe moyenne ! Vive l'inégalité, de revenus, de statuts…

La classe politique répond avec zèle aux exigences économiques de ces nouveaux marchés mondialisés, comme aux problèmes sociaux et culturels générés par la concentration des flux migratoires internationaux, notamment dans les quartiers de logements sociaux de ces grandes métropoles. La gestion économique et sociale de la « ville-monde[1] » passant inéluctablement par une adaptation aux normes économiques et sociales mondialisées, c'est

1. L'expression est de Fernand Braudel, cf. *Civilisation matérielle, économie et capitalisme*, XVe-XVIIIe siècle, Le Livre de Poche, 1993.

sur ces territoires que l'on assiste à une mutation, voire à un effacement du modèle républicain. Politique de la ville, promotion d'un modèle communautariste, la gestion sociale de la ville-monde passe par une adaptation aux normes anglo-saxonnes. Globalement, et si on met de côté la question des émeutes urbaines, le modèle métropolitain est très efficace, il permet d'adapter en profondeur la société française aux normes du modèle économique et sociétal anglo-saxon et, par là même, d'opérer en douceur la refonte de l'État-providence.

Évidemment, on pourrait mettre en avant quelques dysfonctionnements, notamment les difficultés d'intégration, les tensions communautaires, parfois les émeutes, mais tout cela n'est rien à côté du triomphe d'un modèle mondialisé, libéral, inégalitaire et communautariste en tout point contradictoire avec le vieux modèle républicain que les politiques font mine de défendre. La posture républicaine ne doit en effet pas tromper, la réalité est que nos classes dirigeantes sont pour l'essentiel acquises au modèle multiculturel et mondialisé. Le regard affligé qu'elles posent parfois sur les banlieues n'est qu'une posture qui permet d'occulter l'angle mort de la mondialisation, celui du destin des catégories populaires des pays développés.

Car, comme le dit Warren Buffett[1] si « la lutte des classes existe et [que nous] l'avons gagnée ! »,

1. Cité par le *New York Times*, 26 novembre 2006.

ce combat s'est déroulé sans haine, ni violence, ni conflit, grâce à un travail discret et méthodique qui a visé à rendre ces trois dernières décennies totalement invisible la majorité des catégories populaires, c'est-à-dire la majorité de la population.

Jusqu'aux années 2000, tout allait bien, les invisibles restaient invisibles. Sorties des écrans radars des médias, les classes populaires n'existaient pas pour la classe politique et au-delà. Aucun parti, notamment de gauche, n'a porté leurs intérêts, leurs ressentiments, leur détresse. Les corps intermédiaires, syndicats compris, ne les ont pas représentés non plus. Mieux encore, la question sociale semblait définitivement circonscrite aux banlieues. À tel point que l'ensemble de la classe médiatique et politique ne cessait de ressasser que la question sociale, celle des « classes populaires », se résumait aux « quartiers » (lire les territoires où se concentrent les minorités ethniques), que si « ça devait péter », cela viendrait des banlieues. Comme dans le désert des Tartares, les yeux rivés sur les « cités », on attendait en vain la révolte sociale. Si l'insécurité et les violences urbaines se sont incrustées dans les zones urbaines sensibles, elles n'ont produit aucun mouvement social sérieux ou dangereux pour le système.

Mais aujourd'hui tout a changé. Mouvement des Bonnets rouges, plans sociaux, refus du référendum européen, abstention, vote FN, les nouvelles radicalités émergent sur des territoires situés à l'écart des métropoles mondialisées. On a en effet oublié que la recomposition économique des grandes villes a entraîné une recomposition sociale de tous les territoires. Ainsi, la question sociale n'est pas circonscrite de l'autre côté du périph, mais de l'autre côté des métropoles, dans les espaces ruraux, les petites villes, les villes moyennes, dans certains espaces périurbains qui rassemblent aujourd'hui près de 80 % des classes populaires. Cette « France périphérique », invisible et oubliée, est celle où vit désormais la majorité de la population. C'est sur ces territoires, par le bas, que la contre-société se structure en rompant peu à peu avec les représentations politiques et culturelles de la France d'hier. Des Bonnets rouges à Hénin-Beaumont, des zones rurales aux espaces « périurbains subis[1] », la France des oubliés, celle des plans sociaux, est en train, par le bas, de remettre en cause l'édifice. Sûres de leur choix, les classes dominantes croient encore à la pertinence du modèle économique et sociétal. Elles oublient qu'on ne fait pas société en tenant à l'écart les plus modestes, c'est-à-dire la majorité de la population.

1. Expression du géographe Laurent Chalard, membre du think tank « European centre for international affairs ».

« Protéger ou disparaître », annonçait déjà le journaliste et économiste Philippe Cohen[1] en 1999. Les classes dirigeantes n'ont pas protégé…

1. *Protéger ou disparaître*, Gallimard, 1999.

Chapitre premier

Les classes populaires à l'heure de la mondialisation

Dans l'impossibilité de concevoir la société française en dehors des représentations héritées des Trente Glorieuses, les classes dirigeantes ne peuvent envisager la France autrement que structurée autour d'une classe moyenne majoritaire. Tous les indicateurs sociaux nous montrent pourtant que les classes moyennes ont implosé depuis longtemps, mais on ne peut rien contre les mythes fondateurs. Le nez collé aux banlieues, les classes dirigeantes n'ont pas vu que les nouvelles radicalités sociales et politiques ne viendraient pas des métropoles mondialisées, vitrines rassurantes de la mondialisation heureuse, mais de la « France périphérique ». Des territoires ruraux aux petites villes et des villes moyennes jusqu'aux DOM-TOM, ces territoires ont en commun d'être à l'écart des zones d'emplois les plus actives, des sites qui comptent dans la mondialisation.

Si les difficultés des banlieues sont réelles, elles sont d'abord liées à l'émergence d'une société multiculturelle et à la gestion des flux migratoires, mais en aucun cas aux retombées d'une économie mondialisée. Mieux, les banlieues sont des parties prenantes de cette économie. Pour l'essentiel situées au cœur des métropoles, elles sont parfaitement adaptées à la nouvelle donne économique et sociétale. Pourtant, depuis vingt ans, médias et politiques confondent la question des tensions culturelles et celle de l'intégration économique et sociale.

Ce sont en effet les territoires de la France périphérique qui cumulent fragilités sociales et économiques et où se répartit désormais, du fait des logiques économiques et foncières, la majorité des nouvelles classes populaires. Des catégories hier opposées (jeunes, actifs et retraités issus de catégories modestes, ouvriers, employés, petits paysans, petits indépendants) forment désormais un continuum socioculturel et partagent, non une conscience de classe, mais une même perception des effets négatifs de la mondialisation.

Plus encore que les banlieues, la France périphérique est le cauchemar des classes dirigeantes qui n'avaient pas prévu que sans l'intégration économique des plus modestes, on ne « fait » pas société. Le malaise démocratique, la montée de la contestation politique dans l'ensemble de ces territoires, ne sont que les prémices d'une évolution des rapports de force politiques et sociaux.

Rendre visibles les catégories populaires grâce à une nouvelle géographie sociale

L'élaboration d'une nouvelle géographie sociale rend visible deux France : une « France périphérique », fragile et populaire et une « France des métropoles », intégrée à l'économie-monde. Elle permet aussi de souligner un angle mort : celui du destin des classes populaires. Cependant, notre objectif n'est évidemment pas d'opposer les métropoles aux autres territoires, débat qui serait indigent et inutile. Le fait métropolitain, moteur essentiel de la création de richesses, ne peut aucunement être nié. Mais nous souhaitons mettre en lumière l'émergence d'une contre-société sur les territoires éloignés des grandes métropoles.

Analyser le destin des nouvelles classes populaires au XXIe siècle, à l'heure de la mondialisation, c'est entrer dans le disque dur des fractures françaises et du malaise démocratique. Notre approche est donc politique, ou plus précisément géopolitique : elle permet, par les territoires, de révéler la place exacte des catégories populaires des pays développés, c'est-à-dire la périphérie. Marginalisées culturellement, mises à l'écart géographiquement, elles n'en restent pas moins majoritaires. Ce parti pris permet de contourner les postures idéologiques, de décrire froidement les évolutions sociales et sociétales et enfin de porter un diagnostic particulièrement embarrassant pour les classes dirigeantes.

En effet, après plusieurs décennies de chômage de masse, de tensions identitaires, aucune réflexion, aucun débat politique n'a permis de réfléchir aux faiblesses intrinsèques du modèle proposé aux Français. Pis encore, si les catégories populaires ne font plus partie du projet économique des classes dirigeantes, elles n'intéressent pas ou peu le monde intellectuel.

Pour construire cette nouvelle géographie, il est nécessaire de s'affranchir des représentations sociales traditionnelles. Le parti pris est donc double, il s'agit d'une part de prendre en compte l'émergence de nouvelles catégories populaires nées des ruines de la classe moyenne et, d'autre part, de s'affranchir des représentations traditionnelles du territoire qui oppose les espaces urbains ou espaces ruraux.

Contrairement à la démarche territoriale classique, nous avons choisi de ne pas partir des territoires pour décrire une réalité sociale, mais de dessiner les contours d'une nouvelle géographie sociale à partir de catégories sociales spécifiques. Cette méthode permet de nous libérer des représentations traditionnelles, notamment du découpage entre espace urbain[1], périurbain et rural qui ne permet plus aujourd'hui de lire la question sociale. Notre démarche n'est donc pas de

1. Pour tous ces termes techniques, nous renvoyons au glossaire en fin d'ouvrage.

remettre en cause des représentations géographiques qui présentent évidemment un intérêt, mais de rendre visibles des catégories oubliées, en s'affranchissant du découpage de l'Insee mais aussi de la stratification sociale traditionnelle.

S'affranchir du concept de « classe moyenne »

L'un des outils les plus efficaces de brouillage de la question sociale et d'invisibilité des classes populaires est très certainement le concept de « classe moyenne ». Sa survivance est d'autant plus surprenante que, depuis plus de dix ans, nombreux sont les économistes ou sociologues à avoir annoncé la fin de la moyennisation de la société française. Partout dans le monde « le leadership social des classes moyennes s'est fissuré[1] », les questions du déclassement, de l'émiettement de la classe moyenne ont été maintes fois visitées. Branko Milanović, économiste de la Banque mondiale, montre qu'après vingt ans de globalisation, on assiste à un effondrement des classes moyennes des pays développés. Et pourtant le concept survit.

1. Thierry Pech, « Deux cents ans de classes moyennes en France (1789-2010) », *L'Économie politique*, n° 49, janvier 2011.

Cette survivance ne repose pas sur une réalité sociale mais sur des représentations subjectives qui visent notamment à distinguer la société française dans son ensemble des exclus, lire des minorités, des habitants de banlieue – ces territoires étant des espaces par définition incapables de « produire des classes moyennes ». Employé dans le cadre de la politique de la ville, le concept revêt d'ailleurs une dimension ethnoculturelle et sert en réalité le plus souvent à désigner les blancs ; ceux qui ont quitté les quartiers sensibles[1]. Politiquement, le concept de classe moyenne est aussi très utile aux partis de gouvernement que sont l'UMP et le PS. Parce qu'ils sont les représentants historiques de la classe moyenne (actifs et/ou retraités issus de), les partis de gouvernement ont intérêt à faire vivre le mythe d'une classe moyenne majoritaire. D'une part, parce que ces grands partis sont structurellement minoritaires, mais aussi et surtout parce que cela leur permet de légitimer des choix économiques et sociétaux au nom d'une majorité imaginaire… sans s'interroger sur leurs effets sur les plus modestes.

C'est précisément pour éviter cet écueil que nous faisons le choix de décrire une nouvelle réalité, celle des plus modestes, ouvriers, employés, petits paysans, petits indépendants, jeunes, actifs

1. Voir Christophe Guilluy, « La survivance du mythe de la classe moyenne », in *Fractures françaises*, Champs-Flammarion, 2013, chap. VI, p. 76.

occupés, chômeurs et retraités issus de ces catégories. Pour l'essentiel, ces catégories vivent en dessous du revenu médian, parfois dans des conditions de précarité extrême, toujours dans un état de fragilité sociale. Hier opposées, elles partagent désormais le même destin. L'employé du lotissement pavillonnaire, l'ouvrier rural, le chômeur du bassin minier, le petit fonctionnaire, mais aussi le petit paysan qui voisinent aujourd'hui dans la France périphérique contribuent à la recomposition sociale des milieux populaires. L'effacement des classifications traditionnelles entre la classe ouvrière et les employés, entre les secteurs secondaire et tertiaire participe à la structuration de nouvelles classes populaires. Ces dernières sont aussi transgénérationnelles : des jeunes, des actifs occupés ou non (la majorité des chômeurs et des travailleurs précaires sont ouvriers ou employés) et aussi des « retraités populaires[1] » dont les pensions permettent rarement de boucler les fins de mois. Le statut socio-spatial des nouvelles catégories populaires les distingue singulièrement des catégories supérieures des grandes métropoles mais aussi des catégories populaires d'immigration récente des quartiers sensibles. Cette recomposition du « populaire » se réalise à bas bruit, loin des métropoles. Deux siècles après avoir attiré les paysans

1. Défini avec Serge Guérin, *La solidarité ça existe... et en plus ça rapporte !*, Michalon, 2013.

dans les usines, les logiques économiques et foncières ont créé les conditions de l'éviction des nouvelles classes populaires des lieux de production. Si les ouvriers étaient hier au cœur du système productif et donc dans les villes, les nouvelles classes populaires sont désormais au cœur d'un système redistributif de moins en moins performant.

S'affranchir des catégories de l'Insee

La carte des aires urbaines de l'Insee ne présente aucune erreur technique, mais, comme toutes les cartes, elle révèle d'abord un point de vue subjectif sur la société française. Elle contribue par exemple à imposer une perception essentiellement « urbaine et économique » des territoires. Celle d'une société économiquement dynamique et qui, *in fine*, permet l'intégration de tous les territoires. La visualisation d'aires urbaines grandissantes suggère en effet un processus d'intégration lent mais régulier d'une part majoritaire de la population. Elle puise son inspiration dans la période des Trente Glorieuses, celle où la classe moyenne était encore triomphante, où l'exode rural et la concentration des individus paraissaient inéluctables. Dans ce schéma, les territoires de l'exclusion se résument aux banlieues (habitées par des populations plutôt jeunes) et à certaines zones rurales (habitées par des populations plutôt vieillissantes). Au final, c'est une géographie économique et sociale plutôt rassurante qui s'est imposée. Elle valide en filigrane la pertinence d'un modèle économique et sociétal, en occultant les nouvelles dynamiques sociales. Mais faut-il s'en étonner ? Après tout une carte n'est jamais une construction objective, il s'agit toujours d'un point de vue. N'oublions pas que la « géographie sert d'abord à faire la guerre[1] »... Cette représentation de l'espace conforte largement le discours des classes dominantes en occultant ce qui dysfonctionne, c'est-à-dire l'intégration économique des catégories populaires.

La carte des aires urbaines ou « la carte d'état-major » des classes dirigeantes

Centrée sur les espaces qui réussissent économiquement et sur les populations qui sont les véritables gagnants de la mondialisation, cette carte présente un inconvénient majeur : elle rend de fait invisible l'essentiel des classes populaires et occulte les effets sociaux et spatiaux de la mondialisation. La représentation en aires urbaines du territoire suggère ainsi la pertinence de l'intégration de la société française à l'économie-monde. La plupart des métropoles françaises s'inscrivent en effet dans

1. Yves Lacoste, *La Géographie, ça sert d'abord à faire la guerre*, La Découverte, 1976.

une dynamique positive en contribuant désormais au deux tiers du PIB français.

On a ainsi intégré l'idée que 80 % de la population était urbaine depuis plusieurs décennies. En octobre 2011, l'Insee[1] précisait que désormais 61 millions de personnes, soit 95 % de la population, vit « sous influence urbaine ». Cette géographie valide ainsi l'idée d'une France « du vide » et des « pleins » ; des visibles et des invisibles. On s'en doute, ce découpage ne favorise pas vraiment la « France rurale ».

S'il est aujourd'hui évident que les modes de vie et de travail sont interconnectés avec la « vie urbaine », la distance qui sépare certains territoires des aires urbaines les plus actives distingue encore plus fortement ces espaces entre eux.

Ce constat fait justement dire au géographe Gérard-François Dumont[2] qu'on assiste aujourd'hui à un « meurtre rural ». L'adjectif « rural » a disparu ; l'espace « à dominante rurale » change d'intitulé et devient « commune isolée hors influence des pôles ».

La guerre des représentations est aussi une guerre des mots.

Faire disparaître la notion même de ruralité revient à sous-entendre qu'il n'y a plus de logique

1. *Insee Première*, n° 1374, octobre 2011.

2. Gérard-François Dumont, *Diagnostic et gouvernance des territoires*, Armand Colin, 2012 et revue *Population et Avenir*, 2013.

politique liée à cette ruralité. Comme si tout le monde vivait dans des villes, mais de quelles villes parle-t-on ? Des métropoles ? des villes moyennes ? des petites villes ? Quoi de commun entre la réalité urbaine de Toulouse, La Rochelle ou Guéret ? De la même manière, quelle réalité sociale partage l'habitant du périurbain favorisé des Yvelines avec celui du périurbain de Charleville-Mézières ? Est-ce que la réalité socioculturelle de la ville-centre de Montpellier ressemble à celle de la ville-centre de Verdun ?

On le voit, la question n'est pas de savoir si on est « urbain » ou « rural ». Jean Viard[1] remarque à juste raison que nous sommes tous devenus urbains, que nous regardons le même journal télévisé et que nous fréquentons les mêmes grandes surfaces. L'opposition entre ville et campagne, entre urbain, périurbain et rural, ne dit plus rien des nouvelles dynamiques sociales. Les nouvelles fractures françaises ne recouvrent en rien une opposition entre une « civilisation urbaine » et une « civilisation rurale ou campagnarde », en réalité la « société des modes de vie » s'est affranchie depuis longtemps de ce découpage suranné. À ce titre, le sondage[2] réalisé en 2014

1. Jean Viard, *Nouveau portrait de la France. La société des modes de vie*, Éditions de l'Aube, 2012.

2. *Nièvre Magazine*, 2014, magazine du conseil général de la Nièvre.

dans la Nièvre montre que si très majoritairement les habitants identifient leur département comme « rural », ils se définissent majoritairement comme des « urbains », d'une part parce qu'ils vivent dans des petits bourgs ou des villes moyennes mais aussi parce qu'ils estiment que leur mode de vie était un mode de vie « urbain ». On le voit, la véritable fracture n'oppose pas les urbains aux ruraux mais les territoires les plus dynamiques à la France des fragilités sociales. (Nous renvoyons aux deux premières cartes du cahier hors-texte.)

Chapitre 2

La France des fragilités sociales

Afin de mettre en valeur les catégories modestes et majoritaires, nous avons affecté à toutes les communes françaises un indicateur de fragilité sociale et de concentration des catégories populaires. Rappelons que nous parlons ici de catégories (ouvriers, employés, notamment) qui constituent la majorité de la population active, mais aussi des retraités. Les espaces identifiés permettent de repérer les lieux où se concentrent la plupart de ces nouvelles classes populaires, ouvriers, employés, chômeurs, mais aussi petits paysans et indépendants.

Cet indicateur de fragilité sociale, créé avec le géographe Christophe Noyé, permet de révéler une « France périphérique » (majoritaire) face à la France métropolitaine. Pour le construire, nous avons utilisé huit indicateurs sociaux en stock et en dynamique. L'indice de fragilité est calculé pour l'ensemble des communes françaises mais une première distinction est faite entre les espaces métropolitains et les autres agglomérations, de tailles plus modestes, et moins intégrées aux réseaux mondialisés de l'économie[1]. Dans sa dernière version du zonage en aires urbaines, l'Insee a également procédé à une distinction interne aux espaces urbains : les « grandes aires urbaines » sont celles qui comptent plus de 10 000 emplois. Cette catégorie comprend 241 agglomérations comptant 83 % de la population française. Les autres agglomérations regroupent 7,5 % de la population, les communes multipolarisées (hors grandes aires urbaines), 4,7 %. Dans cette typologie, l'espace rural ne regroupe plus que 5 % de la population et un peu moins de 7 500 communes. L'objectif de l'analyse des fragilités sociales est aussi de montrer les différences d'intensité et de contexte de développement des différentes formes de fragilités sociales. L'hypothèse de départ est que les espaces métropolitains les plus importants sont plus intégrés à l'économie mondiale et de ce fait moins touchés par les phénomènes de recomposition économique et généralement bénéficiaires en termes d'évolution de l'emploi. À l'inverse, les agglomérations plus modestes s'appuient principalement sur une structure publique de l'emploi et des activités traditionnelles en déprise. Dans ce contexte, la distinction proposée par l'Insee ne paraît pas pertinente, elle n'est d'ailleurs pas suffisamment discriminante puisqu'elle aboutit à considérer que les grandes aires

1. Pour tous ces termes, nous renvoyons au glossaire en fin d'ouvrage.

urbaines regroupent plus de 80 % de la population. Cela conduit à associer les plus grandes agglomérations (Paris, Lyon, Marseille, Bordeaux, Lille) à des villes comme Châteaudun, Guingamp ou Tergnier... La typologie construite s'appuie donc sur les classements des communes de l'Insee (communes des pôles, périurbain, multipolarisées) mais avec une discrimination beaucoup plus fine des espaces urbains.

Dans la typologie proposée pour l'analyse des fragilités sociales, l'espace métropolitain comprend les 25 aires urbaines les plus peuplées, soit une population d'au moins 370 000 habitants. Cet espace comprend les zones denses des agglomérations et une partie des couronnes périurbaines. L'ensemble des autres espaces forme la « France périphérique », espace multiforme qui comprend les agglomérations plus modestes, notamment quelques capitales régionales, et surtout le réseau des villes petites et moyennes. Il comprend aussi l'ensemble des espaces ruraux et les communes multipolarisées (dépendantes en termes d'emploi de plusieurs pôles urbains) et les secteurs socialement fragilisés des couronnes périurbaines des 25 premières agglomérations. Les espaces périurbains sont donc partagés entre France métropolitaine et France périphérique, on tente par là de recouvrir la distinction entre périurbain choisi et périurbain contraint (cf. indicateur ci-dessous).

Au total, dans cette définition, l'espace métropolitain comprend de l'ordre de 2 650 communes, soit

10 % des communes françaises mais qui concentrent près de 40 % de l'ensemble de la population. La « France périphérique » comprend près de 34 000 communes (90 %) et regroupe 61 % de la population.

	Nombre de communes	Répartition de la population en pourcentage de la population française
France métropolitaine	2 640	38,7 %
France périphérique	34 014	61,3 %
Total général	36 654	100 %

Source : d'après RP Insee 2010.

La construction de l'indicateur de fragilité

L'indicateur de fragilité a volontairement été construit selon une méthode simple. Nous avons observé les taux de 8 indicateurs par rapport à la moyenne française. Les communes ayant un taux supérieur à la moyenne nationale sont dotées d'un indice de 1 et ce séparément pour chaque critère. La somme des indicateurs obtenus pour chaque indicateur (0 ou 1) donne une note globale de fragilité qui varie de 0 pour les communes pour lesquelles tous les critères sont sous la moyenne nationale à 8 pour celles présentant des taux supérieurs pour l'ensemble des critères. Plus l'indice de fragilité est élevé, plus il reflète un cumul de difficultés sociales.

LISTE DES INDICATEURS UTILISÉS POUR LE CALCUL DE L'INDICE DE FRAGILITÉ

7 indicateurs « en stock »

Ouvriers / population active
(moyenne : 23,6 %).
Source : RP 2010
Employés et ouvriers / population active
(moyenne : 52,9 %)
Source : RP 2010
Temps partiel (moyenne : 17 %)
Source : RP 2010
Emploi précaire (moyenne : 11 %)
Source : RP 2010
Chômeurs (moyenne : 12 %)
Source : RP 2010
Propriétaires occupants précaires
(1er quartile des PO < 15 639 €)
Source : DGI 2010
Revenus (inf à 18 749 €)
Source : DGI 2010

1 indicateur en « dynamique »

Évolution de la part des ouvriers-employés
entre 1999 et 2010 (Moyenne = – 5,7 %)

À partir de l'indicateur de fragilité, on distingue les communes dont l'indice est supérieur ou égal à 3. Ces communes forment un ensemble de communes populaires et/ou fragiles. Une question s'est posée concernant les communes du périurbain des métropoles (25 plus grandes aires urbaines françaises). En effet, la typologie de l'Insee classe un très grand nombre de communes dans cette catégorie, ce qui résulte des migrations alternantes et de l'attractivité exercée par les pôles d'emploi des métropoles sur ces espaces. Il a paru excessif de considérer ces communes comme véritablement intégrées à l'espace métropolitain, le parti pris d'en réintégrer une partie dans la « France périphérique » a donc été adopté. Ainsi, les communes du périurbain des métropoles ont été associées aux espaces périphériques dès lors que leur indicateur de fragilité est d'au moins 3. Cela concerne un peu moins de 1 700 communes dont près de 250 pour l'agglomération parisienne (principalement des communes de Seine-et-Marne et des départements limitrophes de la région). Sur les autres agglomérations, le nombre de communes ainsi reclassées est généralement inférieur à 50, sauf sur les aires urbaines très étendues que sont Bordeaux et Toulouse (un peu moins d'une centaine de communes).

Ce calcul aboutit à classer dans la catégorie « Populaires / fragiles » près de 70 % des communes françaises regroupant 64 % de la population. Les communes les plus fragiles sont concentrées dans la France périphérique qui regroupe 98 % des communes classées « populaire / fragile » représentant 72 % des Français vivant dans les territoires fragiles.

Classement des communes en fonction de l'indice de fragilité en pourcentage du nombre des communes

	Populaires / Fragiles	Intégré	Total général
France métropolitaine	12,3 %	87,7 %	100 %
France périphérique	74,8 %	25,2 %	100 %
Total général	69 %	31 %	100 %

Classement des communes en fonction de l'indice de fragilité en pourcentage de la population

	Populaires / Fragiles	Intégré	Total général
France métropolitaine	43,3 %	56,7 %	100 %
France périphérique	79,4 %	20,6 %	100 %
Total général	64,7 %	35,3 %	100 %

Répartition de la population en fonction de la fragilité et du type de territoire

	Populaires / Fragiles	Intégré	Total général
France métropolitaine	27,3 %	65,5 %	41 %
France périphérique	72,7 %	34,5 %	59 %
Total général	100 %	100 %	100 %

La carte des fragilités sociales de la deuxième page du cahier hors-texte fait apparaître une France périphérique à l'écart des grandes métropoles, celle des petites villes, des villes moyennes et des zones rurales. Les DOM-TOM, territoires sans métropoles, qui font partie de cette France périphérique, se distinguent par leur grande fragilité sociale. Dans les métropoles, les zones de fragilités sociales correspondent aux zones urbaines sensibles.

Chapitre 3

La France des métropoles

La mondialisation, ça marche ! La preuve par les métropoles. Ces territoires mondialisés participent à l'essentiel de la création de richesse. On estime que près de deux tiers du PIB est produit dans les grandes villes. Libre-échange, ouverture des frontières, mobilité des capitaux et des hommes, tous les ingrédients du modèle économique globalisé permettent à ces territoires de tirer l'économie française. Comment ne pas bénir la mondialisation et l'ouverture des frontières lorsque l'on observe les résultats de la région-métropole parisienne qui génère un tiers du PIB Français ! Vus des métropoles, les débats autour du protectionnisme et de la régulation des échanges paraissent anachroniques. Certes, mais ce modèle métropolitain est aussi très problématique. La polarisation du marché de l'emploi (entre les emplois très ou pas qualifiés) provoque une recomposition sociale et démographique qui crée des espaces très inégalitaires. Les dynamiques de gentrification et d'immigration ont en effet donné naissance à des territoires très clivés, favorisant ainsi une inégalité sociale et culturelle sans précédent. Et pourtant, si les tensions sociales et culturelles sont bien réelles, le dynamisme du marché de l'emploi permet une intégration économique et sociale, y compris des populations précaires et immigrées. Intégration d'autant plus efficace qu'elle s'accompagne de politiques publiques performantes et d'un maillage social particulièrement dense. Autrement dit, dans l'espace métropolitain, l'inégalité, ça marche. En réalité, les fondamentaux économiques et sociétaux du monde libéral anglo-saxon s'y appliquent à merveille. L'intégration économique et sociale n'est en effet pas contradictoire avec l'émergence sur ces territoires d'un modèle sociétal en phase avec la société multiculturelle. Mondialisées par l'économie, les métropoles favorisent aussi un modèle multiculturel et parfois communautariste, déjà perceptible dans les communes qui concentrent de fortes populations immigrées. Territoires mondialisés, les métropoles accouchent mécaniquement d'un modèle sociétal singulièrement éloigné du modèle égalitaire et républicain traditionnel.

Une réussite économique

En quelques décennies, l'économie des grandes villes s'est spécialisée vers les secteurs économiques les mieux intégrés à l'économie-monde et qui nécessitent le plus souvent l'emploi de personnel très qualifié. Ce processus est celui de la « métropolisation » défini par l'Insee comme la spécialisation des villes vers des « activités à fort potentiel de développement économique et à contenu décisionnel élevé ». On retrouve ici tous les secteurs liés à la conception-recherche, aux prestations intellectuelles, à la gestion, à la finance, aux commerces interentreprises (secteurs de la logistique et des transports), à la culture et aux loisirs. Lyon, Lille, Bordeaux et Nantes se distinguent par exemple par une présence élevée d'emplois relevant de la fonction interentreprises. Toulouse et Grenoble par une présence élevée d'emplois relevant des fonctions conception-recherche. À Paris, les emplois liés à la finance, à la culture et aux loisirs sont surreprésentés. Cette spécialisation économique permet de dynamiser le marché de l'emploi, y compris dans une période de crise. Dans une note de juin 2014[1], l'Insee précise que dans la période précédente (2006-2011), les métropoles ont été préservées de la crise grâce à leur spécialisation dans le secteur tertiaire. Le nombre d'emplois a ainsi progressé de 2,6 % dans la métropole parisienne et de 4,7 % en moyenne dans les métropoles de Lyon, Marseille, Toulouse, Lille, Bordeaux, Nantes, Nice, Strasbourg, Rennes,

1. *Insee Première*, n° 1503, juin 2014.

Grenoble, Rouen, Montpellier et Toulon. À noter la progression de 10,9 % pour Montpellier et de 8,3 % pour Toulouse, seules très grandes aires où le secteur industriel est relativement préservé. Dans les petites et moyennes aires, moins tertiarisées et plus industrielles, c'est la part des chômeurs qui a fortement augmenté.

La réussite économique des métropoles apporte la preuve que l'intégration à l'économie-monde crée richesse et dynamisme économique. Comme l'a montré l'économiste Pierre Veltz[1], avec la mondialisation, les activités industrielles se concentrent désormais dans les grandes métropoles qui constituent aujourd'hui une « économie d'archipels et de réseaux ».

Dans ce groupe métropolitain, l'aire urbaine parisienne se distingue puisque contrairement aux autres métropoles régionales, elle se situe à l'échelle des autres très grandes villes mondiales. Pierre Veltz met en avant « l'effet agglomération », c'est-à-dire le lien entre la taille des villes et leur productivité. En attirant une économie et des salariés très qualifiés, la métropole parisienne améliore sa productivité. Cette concentration exceptionnelle explique qu'aujourd'hui l'Île-de-France est la première région universitaire du monde. La métropole parisienne contribue à 30 % du total de la production

1. Pierre Veltz, *Paris, France, Monde. Repenser l'économie par le territoire*, Éditions de l'Aube 2013.

française alors qu'elle ne représente que 18 % de la population totale. L'économiste Laurent Davezies[1] précise que si la région participe à 30 % du PIB, elle n'en capte que 20 % des revenus.

L'économiste Roberto Camagni[2] a montré que dans la plupart des pays industrialisés, comme en France, le gros des biens et des services est produit dans un petit nombre de grandes agglomérations. En France, on estime que les 4 régions contenant les principales agglomérations fournissent 52,6 % de la valeur ajoutée française (Île-de-France : 30,35 % ; Rhône-Alpes : 9,87 % ; PACA : 7,17 % ; Nord-PdC : 5,19 %). Si l'on ajoute les autres métropoles (Toulouse, Nantes, Bordeaux, Rennes, Montpellier, Aix-Marseille) on obtient plus de 80 % de la production nationale.

La métropolisation est aussi la source de flux directs ou indirects en direction des autres territoires. Laurent Davezies montre par exemple que Paris « subventionne deux fois la province par le biais des dépenses publiques et des transferts sociaux, d'une part, par les retraites, les RTT, les vacances et la redistribution privée, d'autre part ». Pierre Veltz[3] nuance ces résultats en soulignant par exemple que Paris prélève aussi les ressources humaines de la province en attirant une

1. Laurent Davezies, *La crise qui vient. La nouvelle fracture territoriale*, Seuil, 2012.

2. Roberto Camagni, *Principes et modèles de l'économie urbaine*, Economica, 1996.

3. Pierre Veltz, *Paris, France, Monde, op. cit.*

partie de ses meilleurs étudiants. Cette question polémique des transferts de revenus des métropoles vers les autres territoires permet de complexifier le débat qui émerge autour de la métropolisation. En effet, la question posée n'est pas la pertinence du modèle économique sur lequel se développent les métropoles, elle est de savoir si ce modèle « fait société », s'il permet d'intégrer la part majoritaire de la population qui ne vit pas dans ces territoires.

Moteur de la recomposition sociale des territoires

La transformation de l'économie française et son adaptation à la mondialisation économique se sont accompagnées d'un double mouvement de désindustrialisation des villes et de métropolisation des emplois. On évoque beaucoup la délocalisation des industries à l'étranger, mais il faut rappeler que le mouvement s'est longtemps résumé à un « simple » déplacement de la ville vers les espaces périurbains et ruraux où le foncier était attractif et accessible par un réseau routier de plus en plus dense. Ce déplacement industriel a entraîné un remplacement des grandes unités de production par de plus petits sites. L'ouvrier quitte ainsi les grandes villes et ses grandes usines pour intégrer des PME en zone rurale ou périurbaine. Si la part des ouvriers et employés a peu évolué depuis les années 1960, la baisse des ouvriers ayant été compensée par une hausse des employés, en revanche leur répartition sur le territoire a connu une évolution considérable. La stabilité relative des catégories populaires est un élément essentiel de la compréhension de la nouvelle géographie sociale. En effet, l'ensemble des dynamiques sociodémographiques à l'œuvre sur les territoires s'est réalisé à « catégories populaires constantes ». Ainsi, quand la part des employés et des ouvriers diminue dans les grandes métropoles, cela n'est pas la conséquence de leur disparition sociologique mais le fruit d'un processus d'éviction des espaces métropolitains.

Le développement d'un marché de l'emploi très qualifié attire mécaniquement les cadres et professions intellectuelles supérieures qui investissent fortement l'ensemble du parc de logements des grandes villes, y compris celui qui est situé dans les anciens quartiers populaires. L'Insee[1] observe d'ailleurs une accentuation de la surreprésentation des cadres dans les métropoles. Avec 27,9 % de cadres parmi ses actifs en 2011, l'aire parisienne enregistre la plus importante concentration de cadres et de professions intellectuelles supérieures. Mais la part de ces catégories augmente aussi très rapidement dans les treize plus grandes aires de province, bien plus que dans les autres territoires.

1. *Insee Première*, n° 1503, juin 2014.

Notons que dans la métropole toulousaine, la part des cadres atteint 24,5 % de la population active. Ce processus de « gentrification », qui est à l'origine d'une très forte augmentation des prix de l'immobilier, illustre aussi l'appropriation par des catégories supérieures d'un parc de logements privés destiné hier aux catégories « ouvriers et employés ». Les anciens quartiers populaires des villes-centres sont concernés mais aussi ceux de la première couronne. Ces logiques entraînent mécaniquement une raréfaction de l'offre de logements destinés aux catégories modestes et moyennes désormais contraintes d'habiter dans des espaces toujours plus éloignés, en zone périurbaine ou rurale.

L'inégalité sociale et culturelle au cœur d'un modèle sans « classes moyennes »

Le processus économique de métropolisation repose sur un modèle social très inégalitaire. La segmentation de l'emploi entre d'un côté des emplois très qualifiés et de l'autre des emplois, notamment de services, peu ou pas qualifiés, induit les évolutions sociodémographiques des métropoles.

La dynamique sociale des grandes villes ne repose pas seulement sur leur embourgeoisement mais aussi sur l'accueil de nouveaux flux migratoires dans des segments spécifiques du parc de logements. La spécificité du modèle métropolitain est de générer sa propre sociologie. Une sociologie très inégalitaire avec d'un côté une surreprésentation des catégories supérieures, de la bourgeoisie traditionnelle aux bobos, et de l'autre des catégories populaires essentiellement issues de l'immigration récente et souvent précaire. L'émergence de cette sociologie s'est réalisée au détriment des catégories populaires et moyennes traditionnelles. La métropole parisienne a entamé la première cette mutation sociologique. Ce n'est d'ailleurs pas un hasard si l'Île-de-France, dont les limites se confondent avec celle de l'aire urbaine[1] parisienne, est la première et la seule région où les catégories populaires, ouvriers et employés, sont désormais minoritaires. Cette évolution démographique s'inscrit dans le temps long et rien, pas plus la construction de logements sociaux que l'arrivée de catégories populaires immigrées, ne viendra freiner le processus. À terme, l'ensemble du parc privé de logements des métropoles sera touché par une gentrification plus ou moins intense, tandis que le parc social est voué à se spécialiser dans l'accueil de populations précaires et/ou immigrées.

Contrairement à ce qui prévalait hier, les immigrés ne cohabitent plus avec les milieux populaires traditionnels (d'origine française ou d'immigration

1. Voir le glossaire en fin d'ouvrage.

ancienne). Cette situation participe à la création de représentations où « le pauvre » est associé aux « minorités », tandis que le « riche » est associé aux « Blancs ». La démographe Michèle Tribalat[1] rappelle qu'à Paris, entre 1968 et 2006, si la proportion d'ouvriers parmi les actifs ayant déjà travaillé âgés de 25-54 ans est passée de 25 % à 8 % et celle des cadres de 15 % à 42 %, la proportion d'enfants d'origine étrangère est passée de 19 % en 1968 à 41 % en 2005. Globalement, à Paris, les quelques ouvriers qui subsistent sont très massivement d'origine étrangère quand les cadres sont, eux, très majoritairement d'origine française. En 2008, dans la Seine-Saint-Denis, 63 % des actifs ayant déjà travaillé et âgés de 18 à 50 ans sont d'origine étrangère. Mais c'est le cas de près de 90 % des ouvriers, contre à peine plus de 30 % des cadres. En Île-de-France, si 61 % des ouvriers de 18-50 ans ayant déjà travaillé sont d'origine étrangère, c'est le cas de 24 % des cadres seulement. Si le phénomène est plus marqué dans la métropole parisienne, les dynamiques sont les mêmes dans l'ensemble des grandes métropoles. Partout le clivage social tend à recouvrir un clivage ethnique.

1. Michèle Tribalat, *Assimilation. La fin du modèle français*, Éditions du Toucan, 2013.

Des banlieues intégrées et qui produisent des classes moyennes

Il est vain d'analyser les quartiers dits sensibles et au-delà les territoires populaires de l'hypercentre dans le « rétroviseur » avec les indicateurs du passé. Les taux de chômage, de précarité et /ou pauvreté n'ont plus la même signification qu'il y a vingt ou trente ans pour une bonne raison : ces territoires ont changé de fonction. Hier dévolus à l'accueil de salariés et d'ouvriers intégrés à l'économie locale, ces espaces sont aujourd'hui le reflet d'une mondialisation « par le bas ». En effet, dans les grandes métropoles, le quartier d'habitat social ou, par exemple, le département de la Seine-Saint-Denis, en sont de bons exemples, tenant lieu de « sas » très attractifs, souvent entre le « Nord et le Sud ».

Cette nouvelle fonction des quartiers de logements sociaux et/ou privés dégradés des grandes métropoles n'a jamais été réellement débattue. Le problème est que l'on continue à analyser ces territoires avec des indicateurs dépassés. Cette situation ne permet pas de diagnostiquer objectivement le bilan des politiques publiques, notamment de la politique de la ville.

Or on peut dire qu'au regard des flux migratoires enregistrés sur ces territoires depuis trente ans, les politiques publiques, singulièrement les politiques de développement social et de rénovation urbaine, n'ont pas connu les échecs qu'on se plaît à dénoncer aujourd'hui. Au regard de la nouvelle fonction de ces territoires, elles ont permis l'accueil d'un nombre très important de ménages, souvent peu qualifiés, et de leurs enfants. Cette fonction d'accueil est d'ailleurs confirmée dans le dernier rapport de l'Observatoire national des zones urbaines sensibles (ONZUS) qui indique que désormais 52,6 % des habitants des ZUS de France sont désormais immigrés ; dans les ZUS d'Ile-de-France ce pourcentage est de 64 %. On interprète à tort cette spécialisation comme un échec ou comme une volonté d'« assigner les habitants à résidence », alors que ces chiffres indiquent au contraire une forte mobilité. On ne perçoit pas que ces territoires se caractérisent en fait par l'importance de leur mobilité résidentielle. Dans son rapport de 2005, l'ONZUS révélait que le taux de mobilité en ZUS était de 61 % ce qui en faisait les territoires les plus mobiles de France. La permanence d'indicateurs sociaux dégradés est en fait une des conséquences de cette mobilité. Car si ces quartiers accueillent en effet une part essentielle des flux migratoires, ils enregistrent dans le même temps, et logiquement, le départ des ménages les mieux insérés ou les plus diplômés.

Si on analyse froidement les choses, on peut dire, compte tenu de l'intensité des flux dans ces territoires, que la politique de la ville est techniquement un succès. Les bailleurs sociaux, les services de l'État ont fait généralement face aux difficultés. La rapidité avec laquelle a émergé en banlieue une petite bourgeoisie issue de l'immigration maghrébine et africaine à un moment où l'intégration économique et sociale des classes populaires (d'origine française ou étrangère) n'est plus assurée est un des signes de la réussite partielle de ces politiques publiques. Aveuglés par la thématique du « ghetto » et par les tensions inhérentes à la société multiculturelle, on oublie souvent que les rares ascensions sociales en milieu populaire sont aujourd'hui le fait de jeunes issus de l'immigration.

L'inégalité, ça marche !

C'est le paradoxe : les territoires les plus inégalitaires de France, les métropoles, sont ceux qui réussissent le mieux économiquement mais aussi socialement grâce à une forte mobilité d'en haut (les couches supérieures) et d'en bas (les couches populaires immigrées).

Économiquement performant, le modèle de développement métropolitain porte les germes d'une société inégalitaire puisqu'il n'intègre plus que les extrêmes de l'éventail social. Sans profiter autant que les couches supérieures de cette intégration aux territoires les plus dynamiques, les immigrés bénéficient aussi de ce précieux capital spatial. Pierre Veltz[1] a conceptualisé cette idée en parlant de « métropoles assurantielles », territoires où le risque de perdre son emploi est compensé par la possibilité d'en trouver un autre rapidement grâce au dynamisme du marché de l'emploi métropolitain. Ajoutons que la densité de l'offre sociale et scolaire garantit une protection sociale efficace et de réelles possibilités d'ascension. Dans une période de récession économique cette « assurance résidentielle » est notable.

En 2013, l'Insee a par ailleurs comparé l'évolution du taux d'activité des immigrés et non-immigrés entre 2006 et 2010, période de faible création d'emploi. Les résultats montrent que si les taux d'emploi pour les hommes non immigrés baissent fortement, ceux des immigrés augmentent. On pourrait être tenté d'attribuer cette évolution à une forme de discrimination positive dirigée vers les immigrés au détriment des non-immigrés. Il n'en est rien ; les mécanismes d'intégration économique sont beaucoup plus longs et structurels. En réalité, ce qui est déterminant, c'est d'abord la situation géographique des immigrés. Majoritairement concentrés dans les quartiers de logements sociaux des grandes métropoles, les immigrés bénéficient d'un accès aux zones d'emplois les plus actives du pays. À l'inverse, beaucoup d'ouvriers non immigrés vivent en dehors

1. Pierre Veltz, *Mondialisation, villes et territoires : une économie d'archipel*, PUF, 1996.

des zones d'emplois les plus actives, souvent dans cette France périphérique et industrielle en crise où le chômage n'a cessé de progresser. La crise de 2008 a d'ailleurs fortement accentué les inégalités entre les métropoles et ces territoires où l'emploi est moins qualifié et moins tertiarisé[1].

L'effacement du modèle républicain

Dans le contexte métropolitain, les objectifs de « mixité » paraissent au mieux dérisoires, au pire anachroniques, tant ils contredisent le modèle économique et sociétal de la ville-monde. Le modèle des grandes métropoles est aux antipodes du modèle républicain traditionnel. L'intégration à l'économie-monde passe par la substitution d'un modèle égalitaire à un modèle inégalitaire, mais aussi par l'acceptation d'une forme de communautarisme. Pour les populations qui vivent sur ces territoires, le modèle est cohérent, mais l'objectif de mixité et d'égalité dans des espaces urbains qui se développent sur une norme inégalitaire relève de la posture. Par exemple, il est absurde de continuer à promouvoir la mixité dans les quartiers sensibles et dans le parc social puisque les principes de la société ouverte, donc de la libre circulation, induisent mécaniquement l'intensification des flux

1. *Insee Première*, n° 1503, juin 2014.

migratoires et la spécialisation ethnoculturelle de certains territoires ou quartiers. Une spécialisation qui ne décrit pas un processus de ghettoïsation généralisé mais l'adaptation de la ville mondialisée au modèle multiculturel.

Attendre la main invisible de la métropolisation ?

La théorie de la « main invisible », d'après l'expression d'Adam Smith, défend l'idée que l'intérêt privé des individus conduit mécaniquement à des effets bénéfiques pour la société tout entière. Appliquée au marché, elle revient à considérer que le libre-échange, le commerce bénéficient en dernier ressort à l'ensemble de la société, y compris aux plus faibles. Le concept de métropolisation repose sur la même logique : on considère qu'*in fine* tous les territoires bénéficieront du dynamisme métropolitain, y compris les plus fragiles socialement et économiquement. Nous en sommes loin. Une récente note de l'Insee[1] montre que la crise a accentué les inégalités entre les métropoles et les territoires de la France périphérique. Les villes petites et moyennes ont ainsi enregistré une forte augmentation de leur taux de chômage. La crise de 2008 a frappé de plein fouet

1. *Insee Première*, n° 1503, juin 2014.

les petites villes où l'emploi industriel était encore important. Seule la présence d'un important secteur « Administration publique, enseignement, santé, action sociale » et le développement des services à la personne ont permis d'atténuer les effets de la crise, sans pour autant empêcher la stagnation, voire la baisse, de l'emploi total dans les moyennes aires. Si les territoires sinistrés du nord-est désindustrialisé sont les premiers concernés par l'augmentation du chômage, il est frappant de constater qu'il augmente sensiblement dans les petites et moyennes villes de régions peu industrialisées du sud-est et du sud-ouest. Si Bordeaux, Toulouse, Nantes ou Rennes résistent très bien, la situation s'est aggravée à Angoulême ou Redon entre 2006 et 2011.

En réalité, le vrai débat n'est pas de savoir si le modèle métropolitain est pertinent économiquement. Il est de savoir s'il fait ou non société. S'il permet de tirer vers le haut les autres territoires et d'intégrer économiquement les catégories modestes qui vivent à l'écart des métropoles, ou si le rôle des métropoles se limite à redistribuer un minimum de ressources vers des territoires condamnés et des populations inutiles ?

Chapitre 4

La France périphérique qui gronde[1]

Obnubilé par les banlieues depuis trois décennies, le monde médiatique et politique a longtemps considéré que les problèmes et/ou les solutions françaises passeraient par ces territoires. L'émeute de banlieue est ainsi scrutée, attendue, fêtée comme une nouvelle forme de révolte sociale, le fer de lance de la révolution à venir, ou les prémices de l'effondrement du système. À force de bégayer le discours du « ghetto » (la banlieue française c'est le « ghetto black » américain), la sphère médiatique et politique s'est convaincue que la question sociale se résumait aux ZUS. Si les « Blacks » sont « le cauchemar de l'Amérique », les minorités ethniques seront le cauchemar de la France. Le refus de poser un autre diagnostic[2] en tenant compte d'une part des causes véritables des

1. Ce chapitre est le commentaire de la carte qui figure en page 3 du cahier hors-texte.

2. *Fractures francaises*, *op. cit.*, p. 37.

tensions (flux migratoires incontrôlés, absence de réponse concrète face à la délinquance, émergence de la société multiculturelle...) et d'autre part de la forte mobilité résidentielle et sociale (émergence très rapide d'une classe moyenne issue de l'immigration maghrébine et subsaharienne) a conforté le discours pavlovien sur le thème « ça va péter ». Il ne s'agit pas ici d'occulter l'existence des difficultés, les zones de non-droit, ni la récurrence des émeutes urbaines plus ou moins importantes mais simplement d'indiquer qu'en aucun cas ces phénomènes n'indiquent les prémices d'un mouvement social à venir.

En réalité, on a refusé de voir deux choses : d'abord que la plupart des ZUS étaient désormais partie prenante de la métropolisation et qu'elles produisaient « de nouvelles classes moyennes », mais aussi que les radicalités sociales et à venir allaient venir d'ailleurs, des périphéries, de la France périphérique. Sur les décombres de la classe moyenne et la précarisation des classes populaires, les nouvelles radicalités ne viennent pas comme prévu des banlieues mais de la France périphérique. Aujourd'hui, l'essentiel des radicalités sociales et politiques, mais aussi les réflexions alternatives, émergent non pas des banlieues mais des territoires les plus à l'écart des métropoles ; c'est ici que se joue pour partie la cohésion nationale.

Territoire d'une France « populaire et fragile », la « France périphérique » recoupe des réalités économiques et sociales très différentes. Des territoires ruraux et industriels de la Bretagne intérieure aux territoires du « périurbain subi » de Brignoles, ce petit tour de la « France périphérique » vise à éclairer l'émergence d'un continuum socioculturel sur les ruines des classes ouvrières et moyennes.

Cette France des plans sociaux, de l'abstention et/ou du vote FN, est aussi celle où émergent de nouvelles initiatives politiques : le mouvement des « nouvelles ruralités » en est un bon exemple (voir la carte page 3 du cahier hors-texte).

Les Bonnets rouges

Lieux : Bretagne intérieure, Châteaulin (Finistère), Lampaul-Guimiliau (Finistère), Carhaix (Finistère).

Fin 2013, la France tranquille de l'Ouest est en ébullition : un plan social dans une usine agroalimentaire de Saint-Brieuc et la destruction des portiques « écotaxe » se transforment en une contestation généralisée puis à d'importantes manifestations réunissant des catégories *a priori* opposées. Des ouvriers manifestent alors avec des petits patrons, des paysans, des employés, des chauffeurs routiers. Un mouvement hétérogène qui, vu de Paris, ne rentre pas dans les cases confortables de la contestation traditionnelle. Et ce d'autant plus que le mouvement n'est pas seulement « social-progressiste » mais aussi « identitaire » et critique du modèle européen.

Dans les cortèges, pas de drapeaux des centrales syndicales mais des bonnets rouges et parfois le drapeau breton.

Si ce mouvement nous parle d'une forme de recomposition sociale par le bas, il nous parle aussi de territoire : les villes qui ont fait l'événement ne sont pas les grandes métropoles du Grand Ouest. La révolte n'est pas partie de Rennes, Nantes, ou Brest, mais de villes moyennes, voire de petites villes, de zones rurales et industrielles, bref des territoires les plus à l'écart des grandes métropoles bretonnes. C'est à Quimper (Finistère) et Carhaix qu'ont été organisés les grands rassemblements de contestation tandis que Lampaul-Guimiliau, siège des abattoirs Gad, et Châteaulin, siège de l'entreprise agroalimentaire Doux, devaient faire face à d'importants plans sociaux. Ces territoires sont ceux d'une France à l'écart des zones d'emplois les plus actives, à l'écart des grandes villes mondialisées, ceux où l'on retrouve désormais l'essentiel des classes populaires. Si le mouvement des Bonnets rouges s'inscrit dans une histoire régionale et un modèle économique spécifique, il illustre aussi fortement la crise sociale et culturelle d'une France populaire et périphérique.

En effet, depuis plusieurs décennies, la géographie des plans sociaux ne passe pas par les grandes métropoles mais se confond au contraire avec celle des espaces ruraux, industriels, les petites villes ou villes moyennes les plus à l'écart de la France des métropoles.

Les plans sociaux

Gandrange (Moselle, 2 933 habitants)
Florange (Moselle, 11 472 habitants)
Châteaulin (Finistère, 5 217 habitants)
Quimper (Finistère, 63 235 habitants)
Lampaul-Guimiliau (Finistère, 2 044 habitants)
Poullaouen (Finistère, 1 407 habitants)
Gémenos (Bouches-du-Rhône, 6 165 habitants)
Saint-Amand-les-Eaux (Nord, 16 434 habitants)
Dunkerque (Pas-de-Calais, 91 396 habitants)
Chauny (Aisne, 11 772 habitants)
Tronville-en-Barrois (Meuse, 1 380 habitants)
Nersac (Charente, 2 500 habitants)
Machecoul (Loire-Atlantique, 5 950 habitants)
Saint-Jean-de-Maurienne (Savoie, 8 148 habitants)
Sévérac-le-Château (Aveyron, 2 412 habitants)
Castelnaudary (Aude, 11 876 habitants)
Carcassonne (Aude, 47 268 habitants)
Beaucaire (Gard, 15 894 habitants)
Romorantin (Loir-et-Cher, 16 908 habitants)
Vesoul (Haute-Saône, 15 623 habitants)
Belfort (Territoire de Belfort, 50 128 habitants)
Liévin (Pas-de-Calais, 31 790 habitants)

Saint-Laurent-Blangy (Pas-de-Calais, 6 242 habitants)
Glaire (Ardennes, 927 habitants)
Saint-Florentin (Yonne, 4 693 habitants)
Marvejols (Lozère, 4 992 habitants)
Lorient (Morbihan, 57 408 habitants)
Revin (Ardennes, 7 187 habitants)

Il ne s'agit pas de citer ici l'ensemble des communes concernées par un plan social, la liste est évidemment beaucoup plus longue, mais les villes où les pertes d'emplois représentent une part très importante de l'ensemble de l'emploi total de la zone concernée. Cette liste permet d'appréhender la fragilité économique et les radicalités sociales qui émergent dans la France périphérique.

Rien d'exhaustif donc, et ce d'autant plus, on l'oublie souvent, que les licenciements frappent d'abord des petites entreprises qui n'accompagnent pas les salariés par un plan social. Les plans sociaux ne concernent en effet que les entreprises de plus de 50 salariés et qui comptent en licencier au moins dix pour raisons économiques. Or, en France, sur 2,9 millions d'entreprises, 2,7 sont des microentreprises, essentiellement de très petites unités du commerce, des services ou de l'artisanat. Si l'histoire d'ArcelorMittal à Florange est connue, la plupart des plans sociaux, et encore moins des fermetures d'entreprises, ne sont pas médiatisés, leur impact notamment dans les petites villes est pourtant considérable. Par exemple, comment une ville industrielle de 7 000 habitants comme Revin dans les Ardennes peut-elle rebondir après l'annonce par le groupe suédois Electrolux (anciennement Arthur Martin), le principal employeur industriel local, de sa volonté de se séparer de son site de Revin qui emploie 400 salariés ? Dans ce contexte, comment continuer à « vendre » les bienfaits de la mondialisation à une population qui subit la crise depuis les années 1970 ? Comment imaginer que le développement d'activités nouvelles comme le tourisme viendra compenser la perte d'emplois ?

Le piège se referme sur les populations locales dont les biens immobiliers se déprécient au rythme de l'érosion de la population. Cette impasse est le moteur de toutes les radicalités sociales mais aussi politiques qui gagnent désormais les petites villes. Après avoir basculé à droite aux dernières municipales, Revin, bastion historique de la gauche, offre 31 % de ses suffrages à la liste FN aux européennes de 2014.

La surreprésentation du vote FN par rapport à la moyenne régionale

Depuis vingt ans, la carte du Front national n'a pas fondamentalement évolué : d'un côté les bastions du Nord et de l'Est, de l'autre le bastion historique du Sud-Est. Cette géographie ne dit rien de la dynamique d'homogénéisation générale du vote frontiste toutes régions confondues. La carte de la surreprésentation du vote frontiste par région permet d'identifier ce processus. Dans toutes les régions, le vote frontiste est surreprésenté autour des grandes métropoles d'abord dans les espaces du « périurbain subi » et s'étend en direction des petites villes et zones rurales. La dynamique est la même partout. Cette cartographie permet de repérer l'importance de ce vote dans les zones périphériques de régions en apparence hermétiques au discours frontiste. C'est le cas du Grand Ouest mais aussi de la région parisienne, notamment dans l'est de la Seine-et-Marne.

L'implosion de la classe moyenne du périurbain subi : l'exemple de Brignoles

Le canton de Brignoles constitue le prototype de « l'espace périurbain subi » tel que le définit le géographe Laurent Chalard[1] : « Leur localisation dans ces territoires est subie, dans le sens où si elles en avaient les moyens financiers, ces populations habiteraient probablement en périurbain plus proche ou plus "chic". » En quinze ans, le canton a surtout attiré ce que les sociologues appellent « la classe moyenne inférieure » (employés administra-

1. Laurent Chalard, *op. cit.*

tifs, ouvriers qualifiés, chauffeurs routiers ou techniciens) qui souhaitaient accéder à la propriété, populations qui se sont ainsi éloignées des villes-centres et des zones d'emplois les plus actives. Le territoire a attiré très peu de cadres qui se concentrent, eux, dans un « périurbain choisi », plus valorisé et plus proche des villes.

La fragilité sociale des habitants, y compris des nouveaux arrivants, est une caractéristique du périurbain subi. Les problèmes financiers sont structurels (ayant du mal à s'acquitter du paiement des traites de leur maison, des nombreux déplacements, de l'obligation de posséder deux voitures) et l'endettement, voire le surendettement, répandu. Quand le chômage frappe, l'éloignement des zones les plus dynamiques rend difficile un retour à l'emploi. Le piège se referme sur « cette classe moyenne inférieure » caractéristique en réalité de ces nouvelles catégories populaires fragilisées.

Dans ce contexte d'insécurité sociale, les habitants deviennent très réactifs à l'évolution démographique de leur commune, notamment à la question des flux migratoires. Beaucoup des habitants du canton de Brignoles ont quitté les quartiers difficiles d'Aix-en-Provence et de Marseille pour accéder à la propriété, mais aussi pour éviter la cohabitation avec les populations immigrées. La poussée du vote FN dans ce périurbain subi, que l'on constate aussi en Seine-et-Marne, est le fruit d'une insécurité sociale objective mais aussi le fruit d'une histoire, celle de l'échec de la cohabitation avec les populations immigrées.

Du périurbain subi aux territoires ruralo-industriels : l'exemple de l'Oise

La deuxième circonscription de l'Oise de « Noailles/Chaumont-en-Vexin » correspond au mélange de deux types d'espaces, qui se rattachent à la « France périphérique ». Elle comprend, dans sa partie méridionale proche de l'Île-de-France (cantons de Noailles et Chaumont-en-Vexin), un « espace périurbain subi », correspondant à des communes pavillonnaires qui ont accueilli des classes moyennes basses « ayant fui » la région capitale. Dans sa partie septentrionale, elle se compose de territoires de type ruralo-industriel qui souffrent de la désindustrialisation et du chômage. Ce secteur illustre un contexte picard marqué par une très grande fragilité sociale. En 2010, l'Insee[1] estimait que 15,3 % des Picards vivent en dessous du seuil de pauvreté monétaire. Cette proportion, supérieure d'un point à celle de la France de province, place la Picardie au sixième rang des régions les plus défavorisées. Il apparaît par ailleurs que si la pauvreté est d'abord un phénomène urbain,

1. Insee Picardie, n° 79, 2013 : « Plus on s'éloigne des centres urbains, plus les habitants sont fragilisés. »

l'augmentation de la population et la raréfaction des emplois et des équipements favorisent en effet le développement de l'exclusion en zone rurale. Les catégories populaires et modestes sont surreprésentées dans la région et surtout de plus en plus nombreuses. La population des campagnes n'a cessé d'augmenter alors que les équipements et les emplois se sont raréfiés. Si la proximité de l'aire urbaine parisienne permet d'attirer les catégories supérieures dans le sud de l'Oise, la région est caractéristique de ces territoires périphériques qui subissent les effets de la mondialisation.

Les villes qui entrent dans la procédure politique de la ville

Villeneuve-sur-Lot, Guéret, Auch, Marmande, Dax, Foix, Saint-Louis, Privas, Villers-Cotterêts, Saverne, Joigny, Anduze, Privas, Coutances, Avranches, Barentin, La Fère, Issoudin, Thouars, Bressuire, Redon, Hennebont, Dinan, Royan, Châteaurenard, Gardanne, Saint-Girons, Montbrison, Pont-à-Mousson, Beaune, Champigneulles, Blagnac, Gradignan, Colomiers, Elne, Lézignan-Corbières, Valréas, Monteux, Ferney-Voltaire…

Une centaine de nouvelles communes ont intégré en juin 2014 la géographie prioritaire : ne figurent sur cette carte que les petites et moyennes villes les plus significatives.

La nouvelle carte des quartiers aidés a été dessinée à partir d'un seul critère, celui de la faiblesse du revenu des habitants. Jusqu'à présent, les quartiers éligibles étaient déterminés à partir de critères multiples, notamment le taux de chômage, la présence de grands ensembles de logements sociaux, d'immigrés, de jeunes ou de familles monoparentales. Les quartiers de banlieue des grandes métropoles étaient ainsi mécaniquement surreprésentés. Aujourd'hui, les zones où plus de la moitié de la population vit avec moins de 11 250 euros par an, soit 60 % du revenu médian national, sont prises en compte. Ces nouvelles règles permettent de faire entrer dans la géographie prioritaire un nombre important de petites villes de la France périphérique, rurale et/ou industrielle. Ce redéploiement de la politique de la ville permet d'intégrer une nouvelle question sociale, celle des territoires les plus à l'écart des zones d'emplois les plus actives. Si les territoires du Nord et de l'Est sont surreprésentés, toutes les régions sont concernées. Des petites villes, y compris rurales, font leur entrée, c'est le cas dans le Sud-Ouest avec Dax (Landes), Marmande et Villeneuve-sur-Lot (Lot-et-Garonne), Auch (Gers), Foix (Ariège). Villers-Cotterêts, petite commune de l'Aisne rattrapée par l'aire urbaine parisienne, fait aussi son entrée, ainsi que Guéret (Creuse), Joigny (Yonne), Saverne (Bas-Rhin), Privas (Ardèche) ou Anduze (Gard).

Toutes ces communes ont enregistré une forte poussée du vote FN lors des derniers scrutins.

La forte poussée du vote FN dans les villes de la France périphérique[1]

S'il s'enracine d'abord dans la « France périphérique », le vote FN du Nord, du Sud ou de l'Ouest s'inscrit dans des contextes sociaux et démographiques très différents. Cette sélection des villes les plus médiatisées mais représentatives permet d'aborder les ressorts de ce vote au Nord, au Sud et, nouveauté, à l'Ouest.

• « FN du Nord » : le contexte de la précarisation sociale

Hénin-Beaumont
Noailles
Hayange
Villers-Cotterêts
Courcelles-lès-Lens
Fouquières-lès-Lens
Noyon
Stiring-Wendel

Les villes touchées par la désindustrialisation et le chômage qui enregistrent de fortes poussées du

1. Sélection des villes les plus médiatisées, significatives au regard de l'évolution politique de la France périphérique.

FN, le Nord, la Picardie et l'Est de la France sont mécaniquement les plus concernées. Le FN a peu à peu constitué des bastions électoraux dans la plupart des petites villes de cette France périphérique et industrielle : Hénin-Beaumont, bien sûr, mais aussi Courcelles-lès-Lens, Fouquières-lès-Lens, Florange, Stiring-Wendel, Saint-Dizier dans l'Est ou Noyon ou Noailles.

• « FN du Sud » : les tensions identitaires

Béziers, Fréjus, Cogolin, Beaucaire, Le Luc, Le Pontet, Vauvert, Frontignan, Saint-Jory, Pauillac, Castelsarrasin, Moissac, Sainte-Livrade-sur-Lot, Tonneins. Les ressorts du vote FN à Beaucaire, Saint-Gilles, Vauvert ou Fréjus (52 000 habitants) sont multiples, le chômage, la précarité mais les ressorts non dits de ce vote tiennent d'abord, comme c'est souvent le cas dans le Sud-Est, à la question démographique. Ces petites villes du Sud font partie de ces territoires de contacts entre une population autochtone vieillissante et une population d'origine immigrée plus jeune. Même si le FN ne fait pas directement campagne sur la question de la substitution de populations, celle-ci est dans toutes les têtes. Ces terres de contacts sont aussi celles du séparatisme et d'une « lutte » non dite pour le territoire, et notamment des lieux symboliques que représentent par exemple le centre-ville ou la place du village. Qui baisse les yeux ? Qui prend le pouvoir symbolique, celui de la rue ? Les échauffourées entre électeurs frontistes et jeunes Français maghrébins qui ont accompagné l'élection du maire de Fréjus étaient une illustration parfaite de la fracture culturelle particulièrement criante dans l'ensemble du pourtour méditerranéen. Cette fracture est d'autant plus forte qu'elle repose sur des dynamiques démographiques différenciées et une géographie urbaine singulière où les centres-villes paupérisés concentrent une part importante de la population immigrée.

La question démographique et identitaire est aussi le moteur du vote frontiste à Béziers dans un contexte de forte précarité sociale. Béziers est en effet ville pauvre dans une région pauvre. On estime que 1 habitant sur 6 perçoit les minima sociaux et le taux de chômage atteint 16,7 % de la population. Le déclin économique de la ville a entraîné une forte paupérisation, notamment du centre-ville, et le départ en masse des catégories moyenne et supérieure. Aujourd'hui, la ville survit très largement grâce aux transferts sociaux (allocations sociales et retraites) et à la création d'emplois publics. La spirale dépressive s'est enclenchée il y a quelques décennies, le déclin économique et la paupérisation du centre accentuant le départ des populations les plus aisées et surtout les plus qualifiées dans les villages de la périphérie, vers Montpellier ou Toulouse. La surreprésentation de familles immigrées dans le centre-ville et parmi les ménages pauvres, caractéristique de beaucoup de petites villes du Sud, revêt une symbolique forte et alimente la dynamique frontiste.

Si le Sud-Est reste un bastion historique, le parti frontiste exerce désormais son influence dans tout le grand Sud-Ouest. Il est le premier parti dans le Languedoc-Roussillon, avec des pointes dans certaines petites villes comme Trèbes dans l'Aude ou Frontignan dans l'Hérault.

Dans la vallée de la Garonne, les petites villes de Saint-Jory, aux portes de Toulouse, de Pauillac dans le Médoc, ont placé le FN souvent au-dessus des 30 % aux européennes. C'est le cas à Castelsarrasin, Moissac, Sainte-Livrade-sur-Lot, Tonneins.

Dans un contexte économique dégradé, c'est la question identitaire et celle de l'immigration qui sont au cœur de la dynamique électorale du « FN du Sud ».

• « FN de l'Ouest » : la « France tranquille » qui bascule

Contrairement à ce qu'on a longtemps cru, l'Ouest de la France n'est pas hermétique au vote FN. Aux européennes, il recueille 19,3 % en moyenne dans la circonscription du Grand Ouest (Poitou-Charentes, Bretagne et Pays-de-la-Loire). Les mêmes causes produisant les mêmes effets, on assiste dans ces régions à l'incrustation du vote frontiste dans les zones rurales et les petites communes ; comme ailleurs, le parti frontiste reste à la porte de toutes les grandes villes. À Nantes, Rennes, La

Rochelle, Angers, Poitiers, Le Mans, le FN est sous-représenté. En Bretagne, le parti frontiste multiplie son résultat par six aux européennes et augmente fortement dans les départements de la Sarthe, de la Mayenne, de la Vendée et du Maine-et-Loire. Dans les espaces ruraux et les petites villes, le FN confirme une implantation déjà perceptible aux municipales où il avait notamment obtenu des résultats significatifs à Fougères, Lorient, Morlaix, Paimbœuf, Allonnes…

En Bretagne, aux européennes, plus de 17,1 % des suffrages se sont pourtant portés sur les listes de Marine Le Pen, arrivées en deuxième position, tout juste derrière l'UMP.

Comme partout en France, le vote FN est là encore en corrélation avec la question de l'immigration. Si l'immigration reste faible en volume, le Grand Ouest a néanmoins enregistré une forte dynamique migratoire depuis quinze ans, notamment dans les quartiers de logements sociaux des grandes villes bretonnes. Dans un contexte de crise d'un modèle de développement hyperproductiviste (l'agroalimentaire en est le symptôme le plus marquant), ces évolutions démographiques participent à l'implantation durable du parti frontiste.

Nouvelles ruralités : l'Allier, le Cher, la Creuse et la Nièvre

Initiative de quatre départements, l'Allier, le Cher, la Creuse et la Nièvre, les « nouvelles ruralités » s'inscrivent dans le contexte de la France périphérique. Si l'appellation semble indiquer une initiative exclusivement « rurale », ce mouvement vise d'abord à prendre en compte la réalité économique et sociale de la France périphérique. Rejoints par une trentaine de départements[1] de la France périphérique, les quatre départements posent les bases d'une réflexion autour de l'avenir des zones rurales mais aussi des petites villes et au-delà de tous les espaces qui ne bénéficient pas ou peu du développement des métropoles. Les élus initient ainsi une démarche sur le développement économique et social de territoires qui ne passent pas par le modèle métropolitain ni par l'idée de perfusion sociale. La démarche, identitaire et sociale, vise à s'appuyer sur le potentiel économique de ces territoires en favorisant un processus de relocalisation du développement et la mise en

1. Allier, Cher, Nièvre, Creuse, Finistère, Pas-de-Calais, Lot, Cantal, Puy-de-Dôme, Haute-Vienne, Hautes-Pyrénées, Ain, Vosges, Doubs, Pyrénées-Atlantiques, Drôme, Lot-et-Garonne, Aisne, Haute-Saône, Côtes-d'Armor, Saône-et-Loire, Deux-Sèvres, Somme, Gironde, Meurthe-et-Moselle, Île-et-Vilaine, Corrèze, Loir-et-Cher, Haute-Garonne, Nord.

place de circuits courts[1]. Si l'initiative n'est qu'une ébauche de réponse face à la nouvelle question économique, sociale et culturelle, elle résonne fortement dans l'ensemble des territoires de la France périphérique et montre que, y compris dans une partie du champ politique, la France périphérique est en train de s'affranchir, par le bas, du discours dominant. C'est aussi dans ce sens qu'il faut lire la levée de boucliers que suscite le projet de disparition des départements dans le cadre de la réforme territoriale. Car la contre-société qui émerge dans la France périphérique ne pourra peser sans contre-pouvoir politique. L'organisation du territoire à partir des seules métropoles et de grandes régions entraînera un raidissement politique majeur de l'ensemble des territoires périphériques. S'il est important que les métropoles soient armées dans la concurrence mondiale, il n'est pas moins essentiel de maintenir ou de créer des institutions politiques fortes, il en va de la cohésion nationale. Cette cohésion ne passe pas par l'invisibilité institutionnelle de la France des invisibles, mais au contraire par la construction d'une nouvelle géopolitique territoriale, c'est-à-dire par le renforcement des institutions de la France périphérique.

1. « Campagnes, le grand pari », Nouvelles ruralités, synthèse 2014.

Chapitre 5

De la bipolarisation à la question identitaire

L'implosion du champ politique

Une abstention record, le Front national devenu « premier parti de France » en 2014, des partis de gouvernement structurellement minoritaires… Le monde politique est aujourd'hui un champ de ruines. Le système de représentation traditionnel, qui a fait la promotion d'un modèle économique et sociétal contraire aux intérêts des plus modestes, n'a plus aucune légitimité. Car ce sont ces catégories, pourtant invisibles culturellement et politiquement, qui participent à l'effacement du monde politique d'avant. La carte électorale traditionnelle s'efface ainsi lentement mais sûrement pour tracer les lignes de nouveaux rapports de force qui opposeront politiquement demain la France périphérique et populaire aux métropoles mondialisées. Une tendance à l'œuvre dans l'ensemble des régions, y compris dans l'Ouest qui a enregistré une percée spectaculaire du vote FN dans les espaces ruraux et les petites villes.

Si la colère des classes populaires n'a pas encore de débouché politique concret, ce n'est qu'une question de temps.

Avec la fin de la croyance dans le bipartisme, la montée du « populisme » et de l'abstention, on assiste à la fin d'un monde politique ancien, celui des Trente Glorieuses, qui a longtemps fait prévaloir une classe moyenne majoritaire et intégrée. Les vaines tentatives de réactivation du clivage gauche-droite ou, pis encore, la volonté de « rééduquer » les masses, butent sur une réalité socioculturelle incontournable : en milieu populaire, la référence gauche-droite n'est plus opérante depuis au moins deux décennies ; une tendance encore plus marquée chez les nouvelles générations. Paradoxalement, c'est le vieillissement du corps électoral qui permet de maintenir artificiellement un système politique peu représentatif, les plus de 60 ans étant en effet ceux qui portent massivement leurs suffrages vers les partis de gouvernement. Autrement dit, le vieillissement est le meilleur rempart contre le populisme, mais il ne suffira pas car le changement n'est pas porté par une idéologie mais par une réalité sociale et culturelle incontournable : on n'intègre pas politiquement des catégories exclues du projet économique et sociétal. En attendant la constitution d'une nouvelle offre politique, le clivage gauche/droite laisse peu à peu la place à une opposition frontale entre ceux qui bénéficient et/ou sont protégés du modèle économique et sociétal et ceux qui le subissent.

Une rupture consommée entre classes populaires et supérieures

La défiance des Français à l'égard des partis, de la politique et des corps intermédiaires ne cesse de progresser, inutile de s'appesantir sur un phénomène connu et analysé. Dans une enquête parue en 2014, l'institut Ipsos[1] montre que les critiques du monde politique, pourtant déjà très élevées en 2013, gagnent encore du terrain. Pour 65 % (+ 3 points) des Français, la plupart des hommes et des femmes politiques sont corrompus. 84 % (+ 2 points) pensent que les hommes politiques agissent principalement en fonction de leurs intérêts personnels. La progression la plus spectaculaire concerne l'idée selon laquelle « le système démocratique fonctionne mal, mes idées ne sont pas bien représentées » (+ 6 points à 78 %). La hausse est particulièrement nette chez les moins de 35 ans (+ 12 points à 84 %) et auprès des sympathisants socialistes (+ 11 points à 50 %).

Le sentiment d'une classe politique « hors sol » est d'autant plus fort que désormais plus aucun

1. Ipsos, enquête « Fractures françaises », 2014.

représentant, l'exemple est frappant pour les députés, n'est issu des catégories populaires, pourtant majoritaires. Pis encore, la défiance gagne désormais l'échelon municipal, caractérisé par un problème de recrutement préoccupant. Le Centre de recherches politiques de Sciences Po (Cevipof)[1] révèle ainsi que les maires de villes de plus de 30 000 habitants issus de catégories ouvriers ou employés sont passés de 12,8 % à 0,4 % en 2014 ! Cependant, la question de la « défiance » contre « la classe politique », « les élites » est encore trop vague, car elle occulte la dimension sociale et culturelle du divorce. En réalité, le champ politique n'est plus le lieu du débat et de la confrontation des idées et des projets, mais une caisse de résonance de la rupture entre catégories populaires et, non seulement les élites, mais les catégories supérieures.

La fracture sociale et culturelle est souvent décrite comme la résultante d'un divorce entre « les élites » et « le peuple ». Cette opposition, classique, n'est évidemment pas contestable mais pose un double problème. D'une part, parce que la définition des « élites » et du « peuple » est si floue qu'elle permet de masquer les véritables oppositions sociales derrière un discours peu clivant (la critique des « élites » n'est pas véritablement

1. *Le Nouveau Pouvoir urbain en 2014*, Notes de recherche Cevipof, mai 2014.

subversive) et, pour finir, consensuel. D'autre part, parce que l'édifice ne repose pas seulement sur les « élites », mais aussi sur des couches supérieures qui bénéficient et par conséquent adhèrent aux choix économiques et sociétaux des différents pouvoirs.

En réalité, les nouvelles lignes de fracture se creusent d'abord entre des couches supérieures intégrées et des couches populaires. L'institut Ipsos[1] observe ainsi que le clivage entre les catégories populaires et les plus aisées s'accentue : sous l'apparente stabilité de certains indicateurs, de fortes évolutions sont à l'œuvre au sein des différentes catégories de population. Là où l'opinion des cadres s'améliore, celle des ouvriers se dégrade assez nettement. Pour 68 % (+ -7 points) des cadres, la mondialisation est une opportunité alors qu'elle est perçue comme une menace par 74 % (+ -4) des ouvriers. De même, pour près de trois cadres sur quatre (72 %, + -16), la France doit s'ouvrir davantage au monde d'aujourd'hui alors que 75 % (+ -13) des ouvriers pensent qu'elle doit s'en protéger.

La fracture avec le politique est encore plus nette dans les classes populaires. 87 % des ouvriers pensent que le système démocratique fonctionne mal et que leurs idées ne sont pas bien représentées

1. Ipsos, Nouvelles fractures françaises, résultats et analyse de l'enquête Ipsos/Steria, janvier 2014.

(+ ~8), alors que cette idée est stable chez les cadres à 65 % (+ ~1). La demande d'autorité est beaucoup plus forte chez les ouvriers : 64 % sont favorables au rétablissement de la peine de mort (contre 26 % des cadres). Notons également que 74 % des ouvriers estiment qu'on ne se sent plus chez soi comme avant (+ ~7), contre 38 % (– 12) chez les cadres et que pour 39 % d'entre eux, les immigrés qui s'installent en France prennent le travail des Français (+ ~7), contre 9 % (– 13) chez les cadres.

On le voit, la fracture culturelle est totale et le divorce, de fait, consommé. Cette fracture explique la recomposition politique à laquelle on assiste à droite comme à gauche. Le think tank, proche du PS, « Terra Nova[1] », avait d'ailleurs parfaitement analysé le phénomène en 2012 en annonçant l'impossibilité de revenir sur le divorce culturel qui sépare les ouvriers du PS. Très critiqué à gauche, ce think tank avait vu juste, et son diagnostic est d'ailleurs valable pour l'ensemble des couches populaires.

Mieux encore, il s'applique en réalité à l'ensemble de la gauche mais aussi à la droite. Ce divorce est en effet définitif et structurel. Les intérêts des catégories modestes sont désormais trop divergents de ceux des catégories supérieures. Les représentations de la société française et du monde

1. « Gauche, quelle majorité électorale pour 2012 ? », Terra Nova, 2011.

sont désormais irréconciliables, le consensus n'est plus envisageable. Sur les sujets fondamentaux de la mondialisation, du libre-échange, de l'immigration ou du multiculturalisme, le dialogue est devenu impossible. Comment envisager un terrain d'entente sur la question de la mondialisation et du libre-échange entre des catégories populaires qui supportent seules le poids du chômage, de la précarisation sociale et de la dégradation de l'emploi et celles qui, au contraire, ont trouvé leur place dans ce nouveau modèle ?

Comment en outre envisager un échange constructif sur les questions multiculturelles et identitaires entre des individus qui ont ou non les moyens de la frontière avec « l'autre » ? Les couches supérieures, protégées de fait par un statut social, des revenus et/ou leurs choix résidentiels et scolaires sont-elles susceptibles d'entendre la complexité du rapport à « l'autre » ? Ce sont les couches populaires qui prennent en charge concrètement la question du rapport à l'autre, elles n'ont besoin ni de leçon d'histoire et encore moins de leçon de morale pour comprendre que la violence doit être évitée. Les catégories populaires, quelle que soit leur origine, savent que le rapport à l'autre est ambivalent : fraternel mais aussi conflictuel. Elles savent qu'on peut être raciste le matin et fraternel l'après-midi. Dans ce contexte, le discours moralisateur des couches supérieures, qui vise en filigrane à remettre la « bête » dans le droit chemin, s'avère inopérant. Cette volonté de créer une société multiculturelle dans laquelle « l'homme nouveau » ne reconnaîtrait aucune origine, est ressentie de façon spécialement blessante par des individus qui essaient de gérer au quotidien mille et une questions ethno-culturelles en essayant de ne pas tomber dans la haine et la violence. En réalité, ce sont les classes populaires qui construisent, dans l'adversité, seules et sans mode d'emploi, cette société multiculturelle.

Si le champ politique est désormais le jeu d'un affrontement culturel entre le « haut » minoritaire et le « bas » majoritaire, il éclaire aussi la recomposition sociale à l'œuvre dans la société. L'évolution sociologique de l'électorat des différents partis illustre les mutations sociologiques et démographiques. Car, contrairement aux idées reçues, ce ne sont pas les partis qui influencent les électorats mais l'inverse.

Un parti = une sociologie + une géographie

Les discours, les stratégies électorales, l'utilisation des fameux « éléments de langage » pèsent en réalité très peu sur les électorats. Ce sont les électeurs qui choisissent les partis et influencent leurs discours, pas l'inverse. Aller à l'encontre de cette réalité revient à évoluer à contre-courant de la réalité.

Cela fait par exemple deux décennies que la gauche cherche à « retrouver le vote populaire », notamment « ouvrier ». En vain. Cela ne tient pas au fait que les dirigeants, notamment socialistes, n'ont pas analysé l'évolution culturelle des catégories les plus modestes, mais d'abord à une évolution du socle électoral de la gauche. Les auteurs de la fameuse note Terra Nova[1] l'avaient parfaitement bien identifié. Les catégories supérieures, les minorités, les classes urbaines qualifiées votent souvent à gauche, elles influencent donc mécaniquement tous les programmes et discours de la gauche gouvernementale. Dans ce contexte, comment parler aux « prolos » sans désespérer « boboland » ? Comment porter les aspirations de la classe ouvrière si on s'adresse « aux diplômés », aux « jeunes », « aux minorités » ou aux « femmes » ? C'est impossible.

De la même manière, la classe ouvrière a choisi le Front national à la fin des années 1980, à un moment où le parti frontiste portait pourtant un discours libéral reaganien et ultralibéral et où son électorat était classiquement un électorat de droite extrême. Là encore, ce n'est pas le Front national qui est allé chercher les ouvriers, ce sont ces derniers qui ont utilisé le parti frontiste pour contester la mondialisation et s'inquiéter de l'intensification des flux migratoires. Ce choix des électeurs explique, quinze ans plus tard, l'évolution

1. *Ibid.*

de Marine Le Pen qui adapte désormais son discours à la nouvelle sociologie de ses électeurs. Une sociologie électorale où les classes populaires, les actifs et les jeunes sont surreprésentés ; une « sociologie de gauche » qui contraint les dirigeants frontistes à abandonner un discours libéral pour défendre l'État-providence.

La sociologie des partis de gouvernement, UMP et PS, explique aussi en partie le statu quo économique et politique qui prévaut malgré les alternances politiques. En matière économique, le Président Hollande a emboîté le pas à son prédécesseur, poursuivant globalement l'adaptation aux normes européennes et mondiales. Si l'influence du pouvoir économique et financier sur le monde politique réduit fortement les marges de manœuvre des différents gouvernements, il ne faut pas oublier l'influence déterminante de la sociologie des partis de gouvernement. Le socle électoral de la gauche est ainsi constitué d'une part de gagnants de la mondialisation (classes urbaines métropolitaines) et d'autre part de ceux qui en sont protégés (salariés de la fonction publique et une partie des retraités). De la même manière, l'UMP capte aussi une partie des gagnants de la mondialisation (catégories supérieures et aisées) et ceux qui en sont plus ou moins protégés (les retraités). Portés au pouvoir par des catégories protégées ou gagnantes des effets de la mondialisation, soutenus par un pouvoir économique et financier mondialisé, il est difficile d'imaginer que les partis de gouvernement puissent prendre en compte les attentes de catégories qui contestent cette politique.

Le vote des catégories supérieures et le vieillissement du corps électoral contribuent à maintenir le PS et l'UMP au pouvoir mais aussi à interdire toute inflexion des politiques économiques. Tout se passe comme si les protégés et les bénéficiaires de la mondialisation imposaient ainsi aux catégories populaires des politiques économiques et sociétales qu'ils ne subissent pas. Depuis vingt ans, cette situation interdit toute prise en compte sérieuse du ressentiment des catégories populaires qui se réfugient désormais dans l'abstention ou le vote FN.

Si les résultats des européennes de 2014 viennent confirmer la structuration de la nouvelle géographie sociale entre une « France périphérique » en rupture avec les partis traditionnels et les métropoles acquises à ces mêmes partis, elles confirment aussi ces clivages sociaux, culturels et générationnels. Le vote pour l'UMP et pour le PS est de plus en plus celui des protégés (retraités et fonctionnaires) ou bénéficiaires (catégories supérieures) de la mondialisation tandis que l'électorat FN est celui des catégories qui sont depuis des décennies au front de la mondialisation (ouvriers, employés, chômeurs). Logiquement, le FN[1]

1. CSA, Yves-Marie Caan, « La mécanique du Front », mai 2014.

obtient 31 % des votes chez les actifs, soit plus du double des scores obtenus par le PS (14 %) et l'UMP (15 %). Le FN présente ainsi l'électorat le plus fréquemment composé d'actifs : 72 % de ses électeurs exercent une activité ou sont au chômage, contre 57 % au PS et seulement 44 % à l'UMP. Au sein de la population active, c'est parmi les salariés (32 %) et les chômeurs (37 %) que le parti de Marine Le Pen obtient ses meilleurs scores. Par catégories socioprofessionnelles, la rupture est encore plus frappante. Le FN capte ainsi une majorité du vote populaire (47 % des ouvriers, 42 % des employés). Inversement, le vote des cadres se porte prioritairement vers l'UMP (22 %) et vers le PS (15 %) et plus marginalement vers le FN (12 %). Confirmation de tendances déjà observées, la sociologie de l'électorat frontiste est bien une « sociologie de gauche » et qui se positionne aujourd'hui non pas seulement contre « le patronat » mais contre la mondialisation libérale et la société multiculturelle. S'il n'y a pas ici résurgence de la « lutte des classes » au sens traditionnel du terme, il y a un positionnement frontal contre les classes dirigeantes au sens large et la conscience de partager le destin peu enviable des perdants de la mondialisation.

Protégé, l'électorat PS et UMP l'est de plus en plus. Il est aussi de plus en plus âgé : alors que seuls 15 % des électeurs FN sont âgés de 65 ans ou plus, cette proportion s'élève à 31 % chez le PS et 45 % à l'UMP. Mieux, 74 % des électeurs FN sont âgés de 35 à 64 ans, contre seulement 50 % de ceux du PS et 42 % de ceux de l'UMP ! Jeunes, actifs occupés, chômeurs, issus de catégories populaires, le FN est devenu le parti des catégories les plus fragiles et au front de la mondialisation. Inversement, les partis traditionnels ne rencontrent plus que l'adhésion d'un électorat vieillissant et/ou protégés et/ou bénéficiaires du modèle économique contemporain.

L'avenir des partis

Notre propos n'est évidemment pas ici de refaire l'histoire des partis mais de proposer une représentation simplifiée des sociologies électorales. L'évolution du profil des votants et des abstentionnistes nous éclaire sur les mutations sociales, démographiques et culturelles de la société.

Comme nous l'avons déjà évoqué, l'UMP et le PS ne sont pas des partis opposés mais complémentaires. Ils défendent globalement le même modèle économique et sociétal. Le FN s'inscrit au contraire dans une critique de ce modèle. Dans une large mesure, les abstentionnistes s'inscrivent eux aussi dans une forme de critique de ce modèle. De nombreuses enquêtes ont ainsi montré que, s'ils votaient, les abstentionnistes placeraient le vote FN en tête. Deux blocs donc, d'un côté des partis de gouvernement qui soutiennent le modèle en place, de l'autre un ensemble « abstentionno-frontiste » qui le conteste. S'il est difficile de prévoir l'avenir de ces différents courants, en revanche on peut observer l'impact des dynamiques démographiques et sociales sur les différents partis.

• L'UMP : une dynamique démographique favorable.

L'UMP bénéficie très largement du vieillissement de la société, sa base électorale étant constituée de retraités. Dans une société vieillissante (selon l'Insee, le nombre de personnes de plus de 60 ans a crû de 22,6 % en 10 ans. En 2012, leur part est de 23,5 % de la population totale. En 2050, un habitant sur trois sera âgé de plus de 60 ans), cette base offre un socle solide et durable si ce parti arrive à conserver une part majoritaire des retraités, les « retraités pauvres », définis par le sociologue Serge Guérin[1]. Car si les jeunes et les actifs issus des milieux populaires sont désormais très éloignés des partis de gouvernement, ce n'est pas le cas de ces catégories. Le maintien des retraités modestes dans le giron des grands partis est une question vitale pour l'UMP comme pour le PS.

1. Serge Guérin, « Les retraités pauvres, un vote-clé », *Le Monde*, 27 août 2012.

• La fin du PS ?

Les déroutes électorales du PS s'inscrivent en réalité dans le temps long. Le PS est le parti de la classe moyenne. Il a donc très largement bénéficié de la moyennisation de la société française et de la disparition de la classe ouvrière traditionnelle. L'hégémonie politique et/ou culturelle s'enracinait dans cette société moyennisée, intégrée, où l'ascension sociale était encore une réalité pour les petites classes moyennes. La question sociale elle-même était centrée sur les aspirations des classes moyennes, la « manifestation de rue » devenant symboliquement le lieu de l'expression de la petite classe moyenne, le plus souvent issue de la fonction publique. Mais les jours heureux ont pris fin : tout se grippe aujourd'hui avec l'implosion de cette classe moyenne majoritaire. Le socle électoral du PS se réduit comme peau de chagrin. Si les salariés et surtout les retraités du secteur public constituent encore le socle électoral du parti, la dynamique électorale est désormais à chercher du côté des catégories intellectuelles et supérieures des grandes villes. Le PS, parti des jours heureux, se replie ainsi lentement sur quelques territoires, ceux des jours heureux de la mondialisation, les grandes villes.

Est-ce que cela sera suffisant ? On peut en douter. Le PC a disparu avec la classe ouvrière et les grandes industries. Le PS s'effacera-t-il définitivement en même temps que la classe moyenne ? Il en prend le chemin…

• FN : la dynamique des nouvelles classes populaires

Le parti frontiste a su capter une nouvelle sociologie, celle des nouvelles classes populaires. Né sur les ruines de la classe moyenne et la précarisation des actifs employés et ouvriers, ce parti réunit désormais une majorité des catégories modestes, jeunes et actifs qui subissent directement les effets de la mondialisation et de l'émergence d'une société multiculturelle. La très forte dynamique sociologique est en outre renforcée par une dynamique territoriale. Ce vote s'inscrit ainsi fortement dans les territoires de la France périphérique. À l'écart des métropoles, c'est un considérable réservoir de voix qui se dessine pour le parti frontiste… s'il réussit à convaincre les abstentionnistes. Aux européennes de 2014, selon Ipsos-Steria[1], 70 % des électeurs appartenant à des foyers gagnant moins de 20 000 euros de revenu annuel brut se sont abstenus (contre 57 % pour l'ensemble des personnes interrogées). 69 % des chômeurs, 68 % des employés et 65 % des ouvriers ne se sont pas rendus aux urnes contre 53 % des cadres supérieurs selon le même sondage. Une sociologie qui rappelle en tout point celle du parti frontiste.

Aux élections européennes de mai 2014, le FN arrive en tête tandis que l'UMP et le PS accusent

1. Ipsos-Steria, mai 2014 : « Comprendre le vote des Français ».

une forte baisse et que la gauche de la gauche s'effondre. Confirmant un long processus d'effacement de la carte électorale, le parti frontiste s'impose partout. Fait marquant, sa progression est spectaculaire dans les régions de l'Ouest, loin, très loin des bastions ouvriers du Nord et de l'Est. Partout, ce sont les nouvelles classes populaires qui portent la vague frontiste. Ouvriers, employés, femmes et hommes le plus souvent jeunes et actifs partagent désormais le même refus de la mondialisation et de la société multiculturelle. Dans chaque région, la géographie électorale se structure désormais autour de l'opposition entre grandes villes et territoires de la France périphérique. La fracture territoriale dessine désormais une géographie électorale, déjà perceptible en 1992 lors du référendum de Maastricht, qui oppose les grandes métropoles acquises aux partis traditionnels aux territoires de la France périphérique. Nous renvoyons à la carte de la page 4 du cahier hors-texte, qui illustre la progression du Front national dans toutes les régions de France.

Le territoire comme base de la recomposition politique ?

L'émergence d'une nouvelle carte électorale opposant France des métropoles et France périphérique accélère l'implosion du système politique. Cette fracture territoriale illustre la fracture culturelle et idéologique qui traverse actuellement la gauche et la droite. Si elle a lieu, cette recomposition permettra l'émergence de deux forces politiques et idéologiques susceptibles de réactiver un véritable débat démocratique. Les libéraux, partisans de la société du libre-échange, de la mobilité sans fin, renforceront leur socle électoral, sur les bases du PS et de la droite modérée. Inversement, les tenants d'un modèle économique alternatif, basé sur le protectionnisme, la relocalisation et le maintien d'un État fort s'appuieront sur les territoires de la France périphérique. Pour l'heure, le FN bénéficie d'une dynamique positive mais, compte tenu du potentiel électoral, d'autres pourraient se structurer sur les ruines des partis traditionnels.

Bipolarisation ou populisme ?

Plus qu'à un basculement idéologique, on assiste d'abord à l'effondrement d'un système bipolaire qui reposait sur une classe moyenne majoritaire et intégrée. La vacuité du débat gauche-droite masque ce que le philosophe Jean-Claude Michéa[1] appelle « l'alternance unique ». Mais ce barnum politique est en train de prendre fin et ce que les élites appellent le « populisme » est la conséquence d'un

1. Jean-Claude Michéa, *L'Empire du moindre mal*, Climats, 2007.

basculement sociologique et politique majeur. Le système bipolaire s'effondre parce que le système politique n'est plus représentatif.

Contrairement à ce qui a prévalu jusqu'aux années 1980, les catégories populaires ne croient plus à la bipolarisation et n'adhèrent plus au projet d'une classe politique décrédibilisée par plusieurs décennies d'impuissance. Du référendum de Maastricht en 1992 jusqu'au refus de la Constitution européenne en 2005, un lent processus d'affranchissement des couches populaires est en route. La montée de l'abstention ou du vote FN ne sont pas des indicateurs d'anomie, ou le signe d'une progression irrationnelle du « populisme », mais la preuve d'une émancipation par le bas d'une part majoritaire de la population. Ces « affranchis » sont en train de remettre en cause l'essentiel de la doxa des classes dirigeantes qui n'ont toujours pas pris la mesure du gouffre idéologique et culturel qui les sépare désormais des classes les plus modestes. Ces dernières, qui n'acceptent plus aucune forme de tutorat ni politique ni intellectuel, développent le propre diagnostic de la société : le « populisme » selon la terminologie des élites.

Mais se poser la question du populisme[1], c'est déjà tomber dans le piège de la mise à distance des

---

1. Christophe Guilluy, *Marianne*, n° 841, 1er-7 juin 2013.

classes populaires. Cet a priori récurrent depuis une trentaine d'années permet de délégitimer leur discours. En effet, l'approche de la crise par le « populisme » vise à décrédibiliser les réactions des classes populaires et, pour finir, à occulter les causes du rejet des classes dirigeantes. Cette rhétorique aboutit à exonérer la responsabilité des partis de droite et de gauche. Il s'agit, en fait, de rendre illégitime la contestation des choix économiques et sociétaux effectués par les organisations ayant exercé le pouvoir, quelles que soient leurs étiquettes.

Si la mise en avant du « populisme » s'est généralisée parmi les élites, c'est parce que cela permet d'imposer un diagnostic « par le haut », en décrédibilisant le diagnostic « par le bas », celui des classes populaires. Or, contrairement à ce que l'on croit, le diagnostic rationnel, objectif, est celui des classes populaires, car ce sont elles qui vivent au quotidien, depuis trente ans, les effets de la mondialisation (stagnation ou déflation salariale, précarisation, chômage, fin de l'ascension sociale) et de son corollaire lié à l'immigration (aléas de la cohabitation, quartiers difficiles, problèmes de logement, déshérence de l'école, instabilité démographique...). Ainsi, contrairement à ce que l'on écrit et dit un peu partout, le diagnostic « par le bas » (désigné comme « populiste ») n'est pas le fruit d'un emportement irréfléchi, d'une radicalisation irrationnelle ou d'une protestation superficielle. Il s'agit bel et bien d'une analyse objective des retombées de choix économiques et sociétaux précis.

Pourtant, à l'exception de quelques intellectuels, comme le philosophe Vincent Coussedière[1], le problème est toujours abordé dans un sens péjoratif ou avec un regard condescendant. Certes, depuis le retour des « classes populaires » dans le débat public, la prudence est de mise. Aujourd'hui, on joue plutôt à la vigie antifasciste sur le mode de « l'histoire qui bégaie ou de « la peur des années 1930 ». C'est plus subtil. Après chaque élection, on a droit à la sempiternelle analyse sur le faible niveau scolaire des électeurs du FN, qui seraient peu éduqués, presque débiles et donc aptes à la manipulation. On suggère également que le populisme séduit des vieux qui ne comprennent rien au monde et se replient sur eux-mêmes, peu importe que l'électorat du FN soit surtout composé d'actifs et de jeunes. En réalité, répétons-le, le vieillissement de la population demeure le rempart le plus efficace contre la montée du « populisme ».

Le phénomène « populiste » s'inscrit dans le temps long. Il est en effet la conséquence d'une mise à l'écart économique, sociale, culturelle, mais aussi géographique, d'une majorité des nouvelles

1. Vincent Coussedière, *Éloge du populisme*, Elya Éditions, 2012.

classes populaires (ouvriers, employés, paysans, jeunes et retraités de ces catégories) exclues du projet des classes dirigeantes.

Dans ces conditions, le sempiternel débat sur les stratégies électorales du FN est vain. Si l'on n'agit pas sur les raisons qui conduisent à la montée de Marine Le Pen, rien ne sert de crier au loup. Le FN existe parce que des électeurs votent pour ce parti, et pas l'inverse. Les gens qui font ce choix ne sont ni stupides ni manipulés. Ils font des analyses rationnelles de leur vécu, et en tirent des conséquences contestables, certes, mais qui s'expliquent. Et ils le font d'autant plus que Marine Le Pen a su adapter son discours à la sociologie de ses électeurs.

Le « populisme » pose ainsi un problème de fond à l'ensemble de la classe politique. Il tend à faire disparaître la fracture artificielle entre la gauche et la droite, pour laisser poindre un affrontement entre les classes dominantes (de droite ou de gauche) et les classes populaires. Il contraint les classes dirigeantes à ouvrir les yeux sur l'émergence de nouvelles classes populaires et d'une forme de contre-société.

Diaboliser le peuple : une nécessité

En février 2014, la vice-présidente de la Commission européenne, Viviane Reding, déclarait qu'il n'était pas pertinent d'interroger les Britanniques par référendum sur l'Europe car ces derniers n'étaient pas assez qualifiés pour comprendre les véritables enjeux. Le propos a le mérite d'être clair, on peut d'ailleurs étendre la réflexion à d'autres thématiques et à différents pays : les Français sont trop racistes pour organiser un référendum sur l'immigration par exemple.

En réalité, si, officiellement, la montée de l'abstention, notamment des catégories populaires, est une préoccupation de la classe politique, elle apparaît en fait comme une condition de la survie du système. La consultation populaire est de fait un danger. Le refus par référendum de la Constitution européenne en 2005, finalement reformulé et ratifié deux ans plus tard par le traité de Lisbonne sans référendum, a très certainement convaincu les classes dirigeantes qu'il était désormais préférable d'éviter toute consultation directe. La réaction de la classe politique au référendum suisse de février 2014 sur l'immigration est très révélateur. On a ainsi parlé de « spécificité suisse », de l'égoïsme d'un pays riche, bref d'un populisme qui monte, sans prendre en compte l'essentiel : les Suisses ont répondu à une question qui les préoccupe. Il n'y a d'ailleurs aucune spécificité nationale, si le référendum avait été organisé dans d'autres pays européens, les résultats auraient été identiques[1]. Il est frappant

1. 61,8 % des Allemands, 69,7 % des Français et 77,5 % des Anglais voudraient limiter l'immigration, selon un sondage Isopublic/Gallup pour le *Blick*, février 2014.

de constater que la géographie électorale suisse recoupe aussi le clivage entre les grandes villes, favorables à l'ouverture et l'immigration, et une « Suisse périphérique » opposée aux flux migratoires. Le modèle est de fait européen : s'il y a une « France périphérique », il y a aussi une « Hollande périphérique », une « Grande-Bretagne périphérique » et populaire, préoccupées par l'émergence d'une société multiculturelle et mondialisée. Parce qu'elle est susceptible de remettre en cause les choix fondamentaux des classes dirigeantes, la diabolisation du peuple par le populisme reste une nécessité.

Terra Nova / Buisson :
la feuille de route identitaire

Continuer à analyser le vote, et notamment celui des catégories populaires, à partir du clivage gauche-droite, revient à analyser la géopolitique mondiale avec la grille de lecture d'avant la chute du Mur : celle des deux blocs de l'Ouest et de l'Est. Or, la sociologie du pays et donc le corps électoral n'ont plus rien de commun avec celui du siècle passé, une période où l'opposition gauche-droite était encore opérante. Ce n'est d'ailleurs pas un hasard si ce clivage reste aujourd'hui pertinent pour les plus de 60 ans.

Pour les plus jeunes, surtout en milieu populaire, ce clivage n'a plus grand sens. Mais si la classe politique surjoue encore l'opposition droite/gauche, les états-majors, eux, ont déjà intégré une autre grille de lecture.

Ils doivent en effet répondre à un nouveau dilemme : comment les partis dits de gouvernement peuvent-ils désormais constituer des majorités présidentielles alors même qu'ils sont devenus structurellement minoritaires ? Pour emporter une élection majeure, l'UMP et le PS ne peuvent se reposer sur leur seul socle électoral : retraités pour l'UMP, fonctionnaires pour le PS. Si cette clientèle électorale pèse suffisamment lors d'élections intermédiaires, celles où les catégories populaires et les jeunes ne vont pas voter, il n'en va pas de même pour l'élection présidentielle. C'est pourquoi les stratégies électorales de Terra Nova pour le PS et de Patrick Buisson pour l'UMP apparaissent les plus pertinentes pour des partis désormais structurellement minoritaires dans un système tripartiste.

Après plusieurs décennies de chômage de masse et de précarité croissante, les partis qui ont porté tous les choix économiques et sociétaux ne peuvent espérer retrouver l'adhésion de ceux qui paient concrètement les effets de ces choix. Il est donc inutile pour l'UMP et le PS de faire la promotion d'un discours économique et social en vue de capter les nouvelles catégories populaires. C'est la raison pour laquelle ils ont discrètement adopté des lignes « identitaires » élaborées à droite par Patrick Buisson et à gauche par la fondation Terra Nova. Officiellement, ces approches identitaires n'existent pas. Mieux, elles feraient l'objet d'un débat acharné au cœur même des partis. Les tenants de la ligne Buisson s'opposeraient à ceux d'une ligne libérale et centriste à droite, tandis que la guerre ferait rage au PS entre les partisans d'un retour aux classes populaires traditionnelles et ceux de la ligne « Terra Nova ». D'une redoutable efficacité, ces stratégies ont en réalité intégré depuis longtemps le marketing électoral de l'UMP et du PS.

Le marketing électoral et le communautarisme à l'assaut de la République

« La France est une République indivisible, laïque, démocratique et sociale. Elle assure l'égalité devant la loi de tous les citoyens sans distinction d'origine, de race ou de religion », pas un parti, pas un candidat n'oserait s'affranchir de ce précepte républicain. La question des origines n'existe pas, elle n'est que l'apanage des partis populistes et racistes qui cherchent à « cliver » la société française. La République, rien que la République. Le refrain est connu et bien rodé. Notons par ailleurs que l'intensité de ce discours républicain est

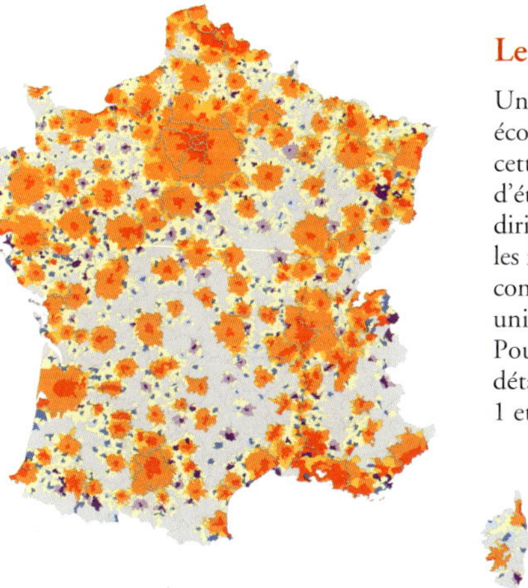

Types de communes

- appartenant à un grand pôle
- appartenant à la couronne d'un grand pôle
- multipolarisée des grandes aires urbaines
- appartenant à un moyen pôle
- appartenant à la couronne d'un moyen pôle
- appartenant à un petit pôle
- appartenant à la couronne d'un petit pôle
- autre commune multipolarisée
- isolée hors influence des pôles

Les aires urbaines

Une représentation économique et urbaine : cette carte est la carte d'état-major des classes dirigeantes, elle impose les métropoles mondialisées comme représentation unique du territoire. Pour un commentaire détaillé, voir les chapitres 1 et 3.

Les ouvriers et les employés

Une représentation sociale : quand la part des employés et des ouvriers diminue dans les grandes métropoles, cela n'est pas la conséquence de leur disparition sociologique mais le fruit d'un processus d'éviction des espaces métropolitains. Cette carte est le négatif de la carte des aires urbaines. Pour un commentaire détaillé, voir le chapitre 2.

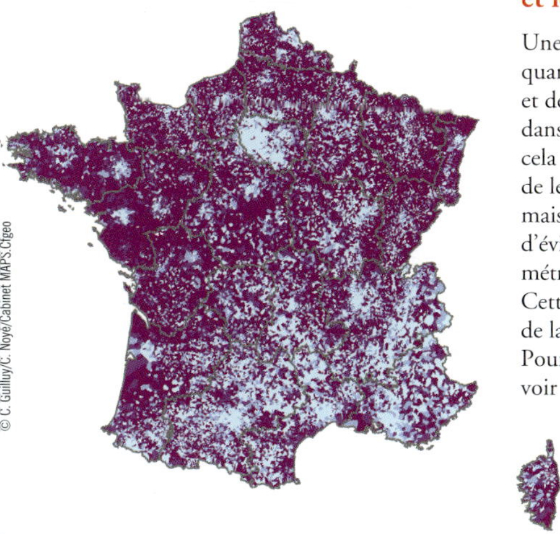

Part des actifs ouvriers et employés
En % - Insee 2010

- 57 à 101
- 51 à 57
- 45 à 51
- 0 à 45

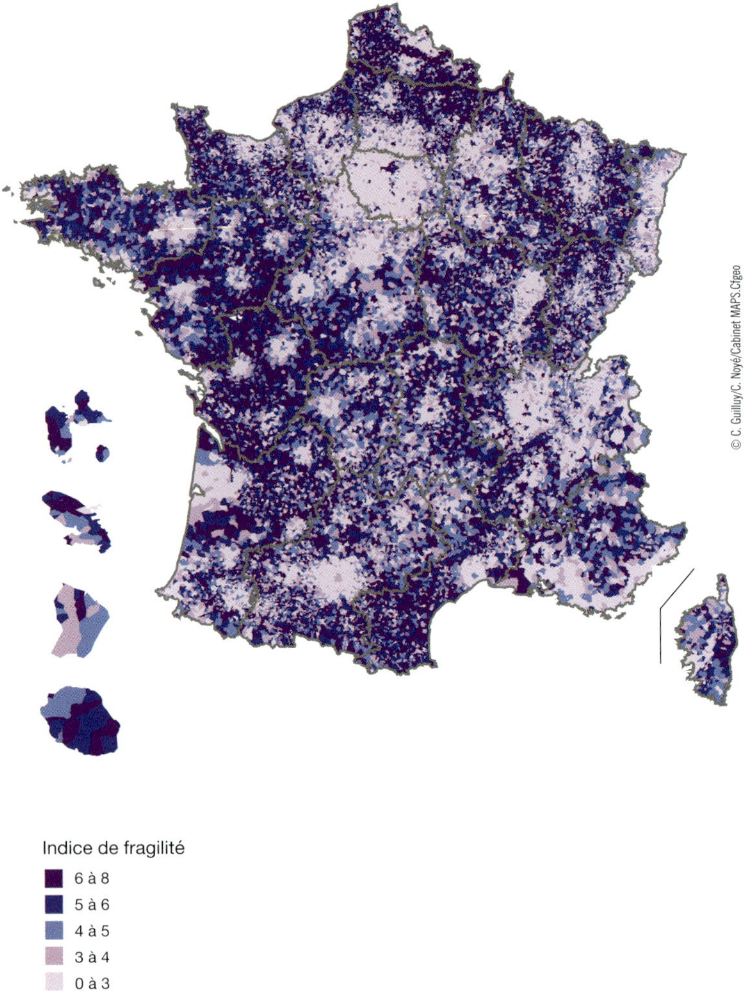

La France des fragilités sociales

La carte des fragilités sociales, qui est aussi celle des fragilités économiques, fait apparaître en creux le dynamisme économique des métropoles. Cette nouvelle géographie sociale dessine les lignes de la nouvelle carte électorale et suggère le débat idéologique à venir. Pour un commentaire détaillé, voir le chapitre 2.

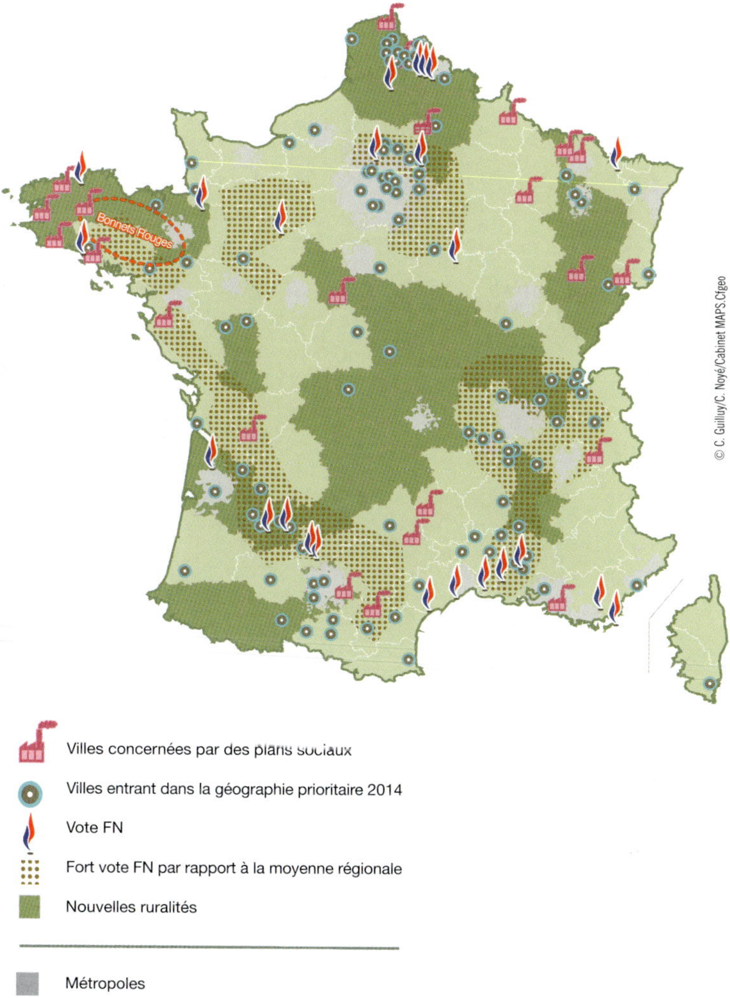

La France périphérique qui gronde

Populaire et fragile, la « France périphérique » recoupe des réalités économiques et sociales très différentes, des territoires ruraux et industriels de la Bretagne intérieure à ceux du « périurbain subi » de Brignoles, en passant par les zones sinistrées du Nord-Est désindustrialisé. Pour un commentaire détaillé, voir le chapitre 4.

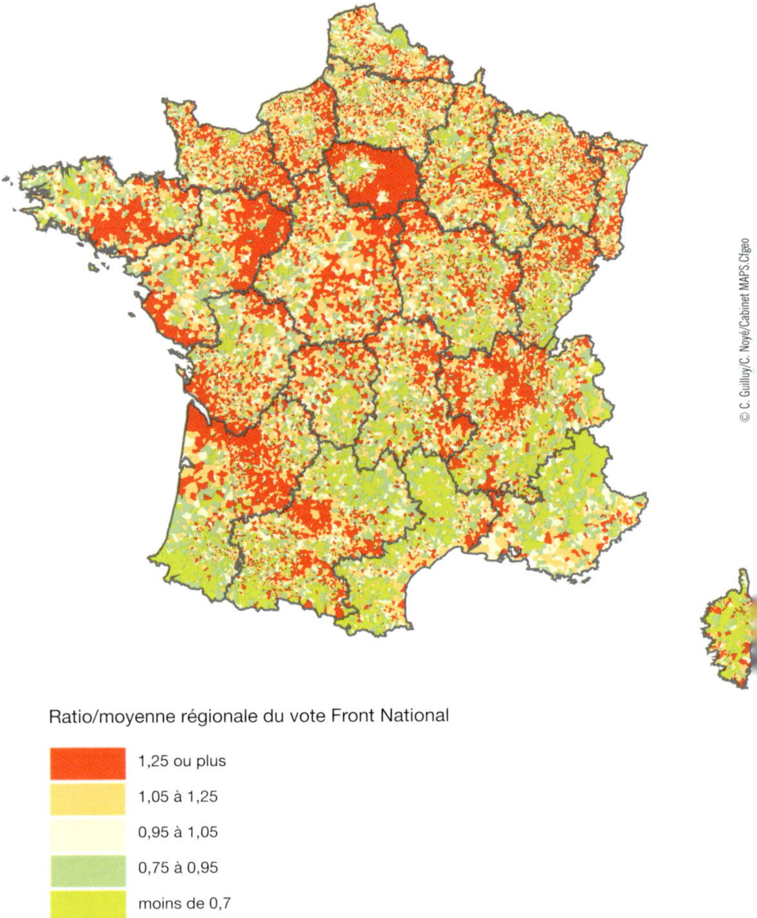

Au-delà des bastions, l'expansion du FN dans les régions

La géographie traditionnelle du FN, avec ses bastions du Nord, de l'Est et du Sud-Est, masque les véritables dynamiques. Ramenée à la moyenne régionale, la carte révèle la diffusion du vote FN dans les petites villes, les villes moyennes et les zones rurales et ce, quelle que soit la région. Pour un commentaire détaillé, voir le chapitre 5.

inversement proportionnelle à la montée d'une gestion des politiques locales de plus en plus « communautariste », ou disons « communautaire » pour n'insulter personne. Premiers concernés, les élus représentants des circonscriptions où se concentrent les minorités ethniques et/ou religieuses. Le catéchisme républicain sert ainsi discrètement à faire la promotion du concept de « diversité » sous couvert d'égalité. La diversité, une catégorie gentiment raciale, qui s'est tranquillement installée au cœur du discours républicain, ce discours « qui ne reconnaît ni race, ni origine, ni religion ». Parallèlement, là encore très discrètement, les états-majors politiques produisent de magnifiques discours éminemment républicains en mettant en œuvre un puissant marketing électoral.

La question ethnoculturelle influence désormais toutes les stratégies électorales et pèse donc directement sur les choix politiques et sociétaux. S'il continue à « parler républicain », l'ensemble des partis politiques a en réalité intégré la question ethnoculturelle à son marketing.

Quand droite et gauche surfent sur le multiculturalisme

Officiellement, c'est le candidat Sarkozy qui a brisé le tabou des origines. Il n'a cessé de jouer sur les oppositions ethnoculturelles dès 2007, puis en

2012. En tenant un « discours frontiste », le candidat de la droite a en effet joué le « petit Blanc » contre l'immigré et le musulman. Cela a fonctionné. Mieux en 2007 qu'en 2012, non qu'il ait été moins virulent en 2012, mais son bilan en matière d'immigration le rendait peu crédible aux yeux des électeurs frontistes. N'oublions pas que les entrées d'immigrés sur le territoire national n'ont jamais été aussi élevées que sous l'ère Sarkozy. Difficile, quand on a été l'un des présidents le plus « immigrationniste », d'être crédible aux yeux des électeurs frontistes qui se déterminent d'abord sur cette question. Il n'empêche, au second tour et malgré un bilan économique, social et sécuritaire plus que mitigé, le candidat réussit à atteindre le score inespéré de 48,37 %.

Mais si la droite a joué le « petit Blanc » en mettant en avant le péril de l'immigration et de l'islamisation, la gauche a joué le « petit Beur » et le « petit Noir » en « fascisant » Sarkozy, stigmatisé comme islamophobe et négrophobe. Les lignes Buisson et Terra Nova qui, pour l'une cherchait à capter une partie de l'électorat frontiste et pour l'autre visait les minorités, ont parfaitement fonctionné. François Hollande, envisagé comme rempart à l'islamophobie et à la négrophobie de la droite, obtient des scores de maréchal chez les musulmans (environ 93 % des voix), dans toutes les banlieues (65 % dans la Seine-Saint-Denis, 76 % à Bobigny, 72 % à Aubervilliers, 71 % à Vaulx-en-Velin, 65 % dans les quartiers nord de Marseille), et dans les DOM-TOM (68 % en Martinique, 72 % en Guadeloupe, 71 % à La Réunion). De son côté, même s'il fait beaucoup moins bien qu'en 2007 chez les petits Blancs jeunes et actifs, Sarkozy arrive à capter les retraités issus de ces catégories. Envisagé comme rempart contre l'islamisation, Sarkozy fait le plein dans l'électorat juif et attire une majorité de catholiques.

À gauche comme à droite, la stratégie identitaire a merveilleusement fonctionné en milieu populaire, plus encore à gauche, permettant au candidat Hollande de l'emporter. On a longtemps cru qu'à gauche deux lignes s'affrontaient. Pour aller vite, une ligne sociétale et libérale et de l'autre la vieille ligne sociale – souverainiste, tendance chevènementiste. Cet affrontement idéologique a été surjoué pendant la campagne pour laisser croire que le « social », « la classe ouvrière » restaient la préoccupation de la gauche. En réalité, la feuille de route de la gauche est celle de Terra Nova, tout simplement parce qu'elle correspond véritablement à ce qu'est le parti socialiste aujourd'hui, un parti libéral mâtiné de « gauchisme culturel », selon l'expression de Jean-Pierre Le Goff. La politique menée par le gouvernement Ayrault a permis d'y voir plus clair ; elle se révèle libérale sur le plan économique et sociétal. Les rapports consacrés à l'intégration et commandés par le Premier ministre viendront par ailleurs confirmer l'abandon du modèle républicain. Contrairement à ce qui a été dit, Hollande n'a jamais été hésitant sur les stratégies à suivre. Du reste, Cécile Amar révélera[1] cette phrase prononcée par le candidat socialiste au moment de Florange : « Perdre les ouvriers c'est pas grave. » Hollande, lecteur attentif de la note Terra Nova, a tranché la question depuis longtemps.

Les minorités et le gauchisme culturel

Si, à l'élection présidentielle, le candidat Hollande avait réuni l'essentiel du vote musulman et celui des banlieues, les élections municipales de 2014 montrent que le vote communautaire n'est jamais acquis. Les communes de banlieue ont ainsi enregistré un fort taux d'abstention, supérieur à celui de 2008. Laurent Chalard[2] observe à juste titre que la politique sociétale très à gauche du gouvernement a aliéné une partie non négligeable des Français issus de l'immigration extra-européenne et plus particulièrement de confession musulmane. L'impact du « mariage pour tous », des thématiques qui en découlaient (PMA, GPA) mais aussi la question de la théorie du genre ont certainement

1. Cécile Amar, *Jusqu'ici tout va mal*, Grasset, 2014.
2. Laurent Chalard, « Les évolutions démographiques 1999-2007 de la France métropolitaine : continuités ou ruptures ? », *Espace, Populations, Sociétés*, 2012.

contribué à démobiliser des populations attachées à des valeurs traditionnelles. Ces questions sociétales ne sont cependant pas déterminantes. Il faut d'abord rappeler que les élections municipales sont toujours marquées par un fort taux d'abstention, notamment dans les communes de banlieue. Pour une large part, et depuis fort longtemps, les élections municipales sont des élections sans le peuple. C'est particulièrement vrai dans les communes de banlieue où se concentrent les populations issues de l'immigration. C'est d'ailleurs ce taux d'abstention élevé qui a longtemps expliqué le maintien de majorités communistes dans bon nombre de communes, majorité acquise à la participation d'une part très minoritaire de la population. De manière abusive, le parti communiste et plus généralement la gauche ont considéré que les habitants de ces communes adhéraient à leurs valeurs alors même qu'ils ne participaient pas au scrutin. De la même manière, le vote musulman et/ou celui des banlieues ne doivent pas se lire comme un « vote de gauche » mais d'abord comme un vote contre Sarkozy et/ou la droite perçue comme raciste et islamophobe. Aujourd'hui, le basculement à droite et/ou à l'extrême droite de quelques communes de banlieue ne peut, non plus, être surinterprété. Cependant, un zoom sur les communes qui ont basculé à droite – Aulnay-sous-Bois, Bobigny, Le Blanc-Mesnil, Saint-Ouen dans la Seine-Saint-Denis ou le 7e secteur à Marseille – permet d'éclairer une nouvelle réalité. Si l'évolution politique est pour partie la conséquence d'une forte abstention, il apparaît que certains quartiers ont apporté, à la marge, leur soutien à l'UMP ou au FN. Si les réformes sociétales ont contribué à cette évolution, il faut aussi pointer l'évolution sociodémographique et le contexte local de l'insécurité et de l'immigration. Les populations, notamment d'origine maghrébine, de ces secteurs ont connu une phase d'ascension sociale (qui les a parfois conduites à accéder à la propriété) et aussi un vieillissement sensible. Ce double processus d'enracinement et « d'embourgeoisement » entraîne mécaniquement une évolution de la perception non seulement de l'immigration mais aussi de l'insécurité. Or, toutes les communes concernées ici se caractérisent par une forte insécurité mais aussi par une immigration récente incontrôlée en provenance d'Afrique et de Roumanie. Les communes de Seine-Saint-Denis mais aussi le 7e secteur de Marseille abritent une importante communauté rom. Les rapports entre les habitants de ces quartiers sensibles et les Roms sont si tendus qu'ils ont débouché, à Marseille, sur l'incendie et le « déménagement » d'un camp de Roms par les habitants. Ce rapport à l'immigration est un des moteurs du vote UMP/FN dans ces communes banlieusardes. Un constat qui rejoint du reste les résultats de l'enquête de la Fondation Jean-Jaurès sur la population musulmane francilienne : l'insécurité et l'immigration apparaissent comme une préoccupation importante de cette population.

Politiques publiques sous influence ?

On a beaucoup souligné l'engagement d'une France catholique et bourgeoise contre le « mariage pour tous ». Cela n'est pas contestable, et l'on peut même souligner que ce mouvement a peu mobilisé la France des catégories populaires, aussi bien en banlieue que dans la « France périphérique ». Pour partie déchristianisés, les milieux populaires de la France périphérique sont restés indifférents à ce débat sociétal. En banlieue, l'indifférence relative des populations joue sur un autre registre. Identifiée comme un mouvement droitier, bourgeois et catholique, la « Manif pour tous » n'a pas entraîné la frange musulmane de la population française, pourtant très critique à l'égard de cette évolution sociétale.

La France bourgeoise et urbaine, celle de l'Ouest parisien et celle des grandes métropoles régionales, était donc surreprésentée dans les manifestations parisiennes. En grossissant le trait, on peut dire que le débat sur le mariage homosexuel a opposé les deux bourgeoisies des métropoles : « bobos-sociétales » contre « traditionnelles et catholiques ».

On a peu parlé des très fortes mobilisations anti-mariage gay observées dans l'ensemble des DOM-TOM et singulièrement en Guyane et aux Antilles. Sur les 26 députés d'outre-mer, 11 ont voté contre (notamment 3 Martiniquais du GDR, 2 Guadeloupéens PS et RRDP, 3 Polynésiens de l'UDI), 10 pour (dont 4 Réunionnais et 1 Mahorais du PS, 2 UDI de Nouvelle-Calédonie) et 1 s'est abstenu (1 Mahorais du PS). Quatre n'ont pas pris part au vote (2 de Guadeloupe dont la suppléante PS du ministre Victorin Lurel, 1 Guyanais et 1 Réunionnais, tous deux GDR).

En résumé, il apparaît que l'électorat populaire qui a voté Hollande (minorités, habitants des DOM-TOM, musulmans) s'est positionné à l'exact opposé du positionnement de la gauche sociétale d'en haut.

S'il a peu manifesté, l'électorat musulman, attaché aux valeurs traditionnelles et singulièrement à la famille[1], a montré depuis lors sa réticence à se porter sur les listes de gauche aux élections municipales et européennes de 2014.

Le succès relatif de l'initiative d'une ancienne militante de la Marche des Beurs[2] contre l'introduction de la théorie du genre à l'école via les

1. *Les musulmans déclarés en France*, *Les Cahiers du Cevipof*, février 2003.

2. Farida Belghoul, initiatrice de la Journée de retrait de l'école (JRE).

« ABCD de l'égalité » et ciblant prioritairement les quartiers où se concentrent de fortes populations musulmanes, démontre la forte réticence de cette population face aux réformes sociétales de la gauche. Conscient de désespérer un électorat essentiel pour la gauche, le gouvernement réagit très vite en ajournant la loi famille (la PMA et la GPA sont remises aux calendes grecques) et en arrêtant d'expérimenter dans les écoles les « ABCD de l'égalité ». Ainsi, si pendant un an les manifestations contre le « mariage pour tous » qui ont rassemblé des centaines de milliers de personnes n'ont obtenu aucun résultat, la participation de quelques centaines de familles à une Journée de retrait des élèves fait reculer le gouvernement sur une attente forte de la gauche sociétale. Le marketing électoral explique pour une large part ce positionnement. L'électorat catholique, supposé acquis à la droite, ne représentait pas un risque électoral, en revanche le décrochage d'un électorat musulman et plus largement celui des minorités est une véritable inquiétude pour la gauche. On comprend ici la fragilité de la nouvelle alliance électorale ébauchée par Terra Nova. Le gauchisme culturel de la gauche bobo se heurte en effet à l'attachement, d'ailleurs commun à l'ensemble des catégories populaires (d'origine française ou étrangère), des musulmans aux valeurs traditionnelles. Autrement dit, le projet sociétal de la gauche d'en haut s'oppose en tous points à celui de cet électorat de la gauche d'en bas.

Cette réactivité du politique aux attentes des citoyens en fonction de leur origine n'est pas propre à la gauche et ne concerne pas uniquement les minorités ethniques ou religieuses. Désormais, les politiques peuvent aussi prendre en compte une communauté qui n'existe pas, celle des « petits blancs ». Officiellement, cet ensemble n'existe pas, puisque les « blancs » ne sont pas une catégorie, mais les politiques sont conscients du poids électoral potentiellement majoritaire de ces catégories populaires d'origine française ou d'immigration ancienne. Attirées par la droite et l'extrême droite, ces catégories ne peuvent être totalement négligées par la gauche. L'importance du vote FN dans cet électorat a contribué à une prise de conscience, y compris à gauche, d'une problématique sociale et sociétale potentiellement explosive.

C'est dans ce sens qu'il faut comprendre la résurgence de thématiques hier oubliées autour des espaces ruraux, des franges périurbaines... mais aussi le redéploiement très symbolique de la politique de la ville en juin 2014 en dehors des quartiers dit « sensibles ». La décision de modifier les critères d'éligibilité de la géographie prioritaire en ne tenant compte que d'un critère unique, celui du taux de pauvreté au détriment d'indicateurs multiples (notamment la présence de logements sociaux et la part de population immigrée), contribue mécaniquement à considérer une partie de cette France périphérique. La publication de la centaine de petites villes qui intègrent le dispositif confirme cette volonté politique de prendre en compte des territoires où les « petits blancs » sont plus présents qu'en banlieue.

La France de demain

La question identitaire a aujourd'hui intégré discrètement le champ politique. Elle sera de plus en plus visible demain car elle est devenue une question centrale pour les jeunes générations qui pour l'essentiel ne se déterminent plus sur l'axe traditionnel gauche/droite. À ce titre, on a beaucoup commenté le processus de réislamisation à l'œuvre en banlieue sans comprendre que ce processus d'affirmation identitaire est en réalité commun à l'ensemble de la jeunesse populaire.

Aux dernières élections, près de 28 % des moins de 24 ans ont voté pour une liste frontiste. Cette tendance participe de la même manière à un retour durable de la question identitaire au sein des milieux populaires.

Chapitre 6

La fin de la mobilité ou le retour du sédentaire

Horizon indépassable à la fin du XXe siècle, « la mobilité » est-elle encore un concept pertinent pour décrire la réalité des catégories populaires au XXIe siècle ? À l'heure de la mondialisation, cette notion dépasse la seule question du déplacement dans l'espace. Elle s'apparente bien plutôt désormais à un dogme, à une injonction que Pierre-André Taguieff[1] définit comme la dernière métamorphose du progressisme : le « bougisme » – tout changement, tout mouvement se confond alors avec le progrès.

La mondialisation, fait économique et financier, est aussi une idéologie qui prône un « individu-mobile », lequel ne se réfère plus ni à une classe sociale, ni à un territoire, ni à une histoire. Dans ce contexte, le concept de « mobilité » permet de

1. Pierre-André Taguieff, *Le Sens du progrès*, Champs-Flammarion, 2006.

cautionner en douceur la libre circulation des marchandises, des capitaux, des individus et indirectement la globalisation, le libre-échange, la flexibilité. Cette idéologie « mouvementiste », à laquelle adhèrent les classes dominantes, ne rencontre aucune résistance : au mieux elle est perçue comme un bienfait, au pire comme une fatalité. Mais, après plusieurs décennies de mondialisation et de recomposition sociale des territoires, cette idéologie a de plus en plus de mal à épouser la réalité des couches populaires. Car, encore une fois, c'est par le bas que se dessinent des évolutions de fond. Si les métropoles se caractérisent par la forte mobilité résidentielle et sociale de leurs habitants, la France périphérique enclenche un processus de sédentarisation inéluctable ; les logiques économiques, sociales et foncières à l'œuvre sur ces territoires annoncent la fin de la mobilité. Autrement dit, elles confirment le retour du sédentaire. Or, comme l'a montré Stéphane Perrier[1] dans « L'universel ou le néant », l'évocation d'une forme d'enracinement vous projette dans le néant. La fin de la mobilité réactive mécaniquement les questions de la relocalisation et du réenracinement – des thématiques qu'on associe inévitablement à une forme de barbarisation, de repli, de refus de l'autre.

1. Stéphane Perrier, « L'universel ou le néant. Retour sur le malaise français », *Le Débat*, n° 178, 2014/1, p. 31-40.

Mais la réalité sociale et culturelle est plus forte que l'idéologie, et la mise à l'écart d'une majorité des classes populaires risque bien, non pas d'empêcher la mobilité, mais de remettre en cause son caractère universel. Dans un monde libéral où l'acte émancipateur, c'est la délocalisation (des hommes et des activités), cette évolution apparaît de fait comme une puissante contestation idéologique de la doxa dominante.

L'objet de ce chapitre n'est donc pas d'étudier le « processus de mobilité », la littérature scientifique est abondante et on pourra notamment se reporter aux travaux de Jean-Pierre Orfeuil[1] abondamment cité ici. Notre objectif est d'abord de nous interroger sur l'impact de la nouvelle géographie sociale sur les mobilités en cours et surtout à venir des classes populaires, et la relativité du concept de « mobilité ».

La mobilité, un processus global ?

Dans le contexte de la mondialisation, la mobilité des hommes est perçue comme un fait global, une dynamique qui accompagne la logique libérale

1. Jean-Pierre Orfeuil, *Mobilités urbaines, l'âge des possibles*, Scrineo, 2013 ; *Grand Paris. Sortir des illusions, approfondir les ambitions*, Scrineo, 2012 ; *Une approche laïque de la mobilité*, Descartes et Cie, 2008.

de circulation des capitaux et des marchandises. Dans ce contexte, l'immigration internationale fait l'objet de toutes les interprétations et manipulations[1]. Paradoxalement, le discours des partisans de l'immigration rejoint celui des opposants dans une même perception d'un fait global et généralisé. Or, et c'est un point essentiel, les migrations internationales ne concernent qu'environ 3 % de la population mondiale, soit une partie infime des habitants de la planète. En réalité, quand elles ont lieu, l'essentiel des mobilités humaines sont des migrations internes aux États. Dans tous les cas, l'immense majorité des habitants du monde vivent dans le pays où ils sont nés. Pourtant, les mobilités internationales continuent d'être présentées comme inéluctables. Il faut dire que dans un contexte de mondialisation et donc de libre circulation des marchandises, des capitaux et des hommes, il est difficile d'expliquer que la sédentarisation reste une norme mondiale, à laquelle les individus restent attachés ici et ailleurs. On l'oublie souvent : l'immigration est d'abord un arrachement, plus rarement un choix.

Fait notable, de l'hémisphère Nord à l'hémisphère Sud, le profil du migrant évolue : les flux migratoires internationaux concernent de plus en plus des catégories moyennes ou supérieures. Ces profondes évolutions tendent à contredire l'image

1. Michèle Tribalat, *Les Yeux grands fermés*, Denoël, 2010.

associée à la figure de l'immigré. Autrefois rurale et peu qualifiée, l'immigration est aujourd'hui plutôt le fait de jeunes hommes qualifiés, voire très qualifiés, des classes moyennes urbaines, des femmes isolées, qualifiées, et des mineurs. La représentation misérabiliste de l'immigré a longtemps masqué un élément essentiel : celui qui part n'est pas le plus déshérité. L'immigration de personnels qualifiés tend d'ailleurs à s'intensifier dans bon nombre de pays du Sud qui perdent ce dont ils ont besoin. En 2012, la majorité des médecins diplômés hors de France provenaient du Maghreb (notamment d'Algérie) et de Roumanie ; la Roumanie doit d'ailleurs faire face à la pénurie en attirant des médecins venus notamment d'Ukraine.

Le profil de l'immigrant est encore plus qualifié lorsqu'il est originaire de pays développés. En France, l'émigration touche ainsi les catégories supérieures, jeunes et diplômés.

Les jeunes quittent la France, mais quels jeunes ?

L'affaire est entendue : les Français quittent de plus en plus la France et parmi eux de plus en plus de jeunes. Cette évolution confirme que la mobilité des individus est une solution face à la difficulté d'intégrer le marché de l'emploi. Et en France, cette difficulté est réelle puisque le chômage touche près d'un quart des moins de 24 ans. Une enquête de Sciences Po[1] montre que le taux d'expatriation ne touche que 0,004 % des non-diplômés contre 2,1 % des titulaires d'un doctorat, soit 52 fois plus. La part des jeunes ingénieurs travaillant à l'étranger est passée de 14,6 % à 19 %. Le Quai d'Orsay estime d'ailleurs que plus de la moitié des 1,5 à 2 millions de Français installés à l'étranger possèdent un niveau master. Ces chiffres permettent de resituer la réalité des mobilités internationales et surtout confirment qu'à aucun moment l'émigration n'apparaît comme une réponse à l'importance du chômage des jeunes peu ou pas diplômés. Or, le chômage des jeunes non diplômés concerne d'abord les milieux populaires ; la mobilité des individus n'est donc qu'une solution marginale pour les catégories populaires les moins qualifiées. Et ce qui vaut pour les mobilités régionales ou nationales vaut aussi pour les mobilités internationales.

L'émigration française est largement le fait des catégories supérieures, jeunes ou actifs, elle illustre une nouvelle fois la différence entre la mondialisation subie des couches populaires et la mondialisation choisie. Si les choix des « élites

1. Laboratoire interdisciplinaire d'évaluation des politiques publiques de Sciences Po, mars 2014, cf. *Le Figaro*, Caroline Beyer, 19-20 avril 2014, http://etudiant.lefigaro.fr/international/etudier-a-l-etranger/detail/article/plus-on-est-diplome-plus-on-s-expatrie-5084/

mondialisées[1] » impactent directement le contexte économique et sociétal national, ils n'impactent qu'à la marge des catégories mobiles et « hors sol ».

De plus en plus, l'immigration apparaît non pas comme une solution économique pour les plus modestes mais d'abord comme une stratégie économique des catégories moyennes et supérieures qui ne se positionnent plus exclusivement sur un marché de l'emploi local mais international.

Notons enfin qu'à l'heure de l'idéologie du métissage, de l'ouverture des frontières, le nomade devrait être fêté comme la figure emblématique du nouvel ordre mondial. Or, il n'en est rien : plus le temps passe, plus l'image de l'immigré se déprécie. À l'image positive de « celui qui bouge », du passeur de culture ou du travailleur s'est substituée la figure négative de l'assisté, voire du fauteur de troubles. Paradoxalement, cette dépréciation coïncide avec le moment où l'idéologie attalienne de « l'homme hypermobile » s'est désormais imposée dans tous les lieux du pouvoir économique et culturel. Cette fatigue de l'homme mobile n'est pas le fruit d'un basculement idéologique des populations mondiales, la conséquence d'une montée sans précédent de la xénophobie, mais d'abord la conséquence d'un fait démographique majeur : la population mondiale a doublé depuis

1. J.-P. Chevènement, *La France est-elle finie ?*, Fayard, 2011.

1970, passant de 3,6 milliards à 7 milliards d'individus. Cette évolution démographique entraîne mécaniquement une évolution de la perception de « l'autre » et de son territoire, de son village. C'est vrai en France dont la population est passée de 50 à 65 millions entre 1970 et 2013, mais aussi en Europe, en Afrique ou en Asie.

La mobilité n'est pas un « droit pour tous »

La mobilité des individus n'a cessé d'augmenter. Ce constat, le sociologue Jean-Pierre Orfeuil[1] l'a mesuré en estimant que le Français moyen, toutes classes d'âge confondues, parcourt en moyenne 40 kilomètres par jour, dont un peu plus de 25 pour sa vie quotidienne et un peu moins de 15 lors de déplacements de plus de 100 kilomètres[2]. Ces moyennes sont nettement plus élevées pour les adultes dans la partie active de leur cycle de vie (de l'ordre de 35 kilomètres pour la seule mobilité de la vie quotidienne des actifs). Les évolutions ont été très rapides : la distance moyenne parcourue en voiture par personne a été multipliée par six en quarante ans. Ce résultat global masque cependant des disparités

1. Jean-Pierre Orfeuil, « La mobilité, nouvelle question sociale ? », *Sociologies*, 2010.

2. *Ibid.*

sensibles entre catégories sociales qui invalident l'idée d'une mobilité présentée comme un « droit pour tous ».

Pour la mobilité quotidienne et contrainte, les écarts de distance parcourue entre « riches et pauvres » sont plus faibles que les écarts de revenus. En revanche, pour les déplacements de longue distance, les écarts suivent les revenus. L'inégalité face aux vacances reste aussi très clivée. En 2013, le Crédoc[1] estimait que 43 % de Français n'étaient pas partis en vacances (60 % des ouvriers et seulement 30 % des cadres). Par ailleurs, si la mobilité est le plus souvent « choisie » pour les catégories supérieures, elle est le plus souvent « contrainte » pour les catégories populaires. Pis encore, lorsqu'on observe l'ensemble des modes de transport rapides (air, TGV, autoroute), les catégories supérieures sont toujours plus représentées. De façon générale, les ouvriers voyagent environ quatre fois moins que les cadres (trois fois moins si on ne considère que les voyages personnels) et plus généralement les employés, les agriculteurs, les chômeurs et les retraités voyagent également moins que les cadres, les professions intermédiaires et les artisans-commerçants[2].

1. Centre de recherche pour l'étude et l'observation des conditions de vie.

2. Données ENTD, 2008, Julien Milanesi.

L'économiste Julien Milanesi observe par exemple que depuis la mise en service d'un train roulant à 300 km/h plutôt qu'à 160 km/h ou 200 km/h, la SNCF attire toujours plus de catégories supérieures. Le train est devenu un moyen de transport socialement marqué.

Plébiscitée par les élites, l'hypermobilité est le fait des classes supérieures, une mobilité financée pour partie par… les catégories modestes. Les coûts des infrastructures ferroviaires, routières et aériennes sont en effet pour partie assumés par des financements publics ; des budgets pharaoniques auxquels contribue donc la majorité, surtout pour le confort, *in fine*, d'une minorité.

Les « prolos » bougent… mais pas trop !

En fait, le discours consensuel sur le « droit à la mobilité » masque une réalité incontournable : si les catégories modestes se déplaçaient autant et aussi loin que les catégories supérieures, ce serait le « week-end du 15 août » tous les jours ! Personne ne le souhaite. Si les « prolos » étaient aussi mobiles que les catégories supérieures, les axes routiers seraient saturés, les grandes villes paralysées, les sites touristiques deviendraient inaccessibles… Rappelons que le tourisme international, qui n'a cessé de se développer et qui est une ressource économique importante pour bon nombre de pays, ne profite en réalité qu'à la marge aux populations autochtones. Notons par ailleurs que ce secteur économique peut avoir des conséquences particulièrement négatives sur l'environnement (dégradation des milieux naturels, empreinte écologique liée au transport...) et déstructurer les cultures et identités du plus grand nombre, notamment des plus modestes. On le voit, la mobilité des individus atteint aujourd'hui ses limites physiques et écologiques, mais aussi culturelles avec le déplacement de catégories moyennes et supérieures dans des zones souvent précarisées.

À l'échelle de la planète, une « mobilité égalitaire », la fameuse « mobilité pour tous », serait une catastrophe écologique. On imagine aisément les conséquences désastreuses qu'entraînerait la généralisation du mode de vie d'un Jacques Attali à l'ensemble des individus. Comme le rappelle Jean-Claude Michéa, si l'on transformait l'homme en « être attalien, qui se vante de consumer sa vie entre deux aéroports avec pour seule patrie un ordinateur portable », l'impact écologique serait irréversible. Du reste, les stocks de kérosène disponible ne pourraient pas satisfaire la demande d'un monde peuplé de nomades attaliens. Le philosophe précise que « c'est un mode de vie hors sol, dans un monde sans frontières et de croissance illimitée, que la gauche valorise comme le sommet de l'esprit tolérant et ouvert, alors qu'il est simplement la façon typique de la classe dominante d'être coupée du peuple. On a souvent parlé de gauche caviar, [je] me demande s'il ne faudrait pas parler de gauche kérosène pour désigner ce que devient la nouvelle gauche. » Il souligne que « cette transformation de l'homme de gauche en nomade Bouygues perpétuel, en touriste politique » montre que désormais « l'universel c'est le local moins les murs. » Or, on n'accède pas à l'universel en détruisant le local et en délocalisant.

En réalité, et même si l'on feint de se donner pour objectif la mobilité pour tous, personne ne souhaite que la « mobilité se démocratise » véritablement. Avec 7 milliards d'habitants, 9 milliards en 2050, la mobilité est et continuera d'être demain le privilège de quelques-uns.

Jean-Pierre Orfeuil[1] évoque quant à lui les limites à la mobilité généralisée : limites écologiques imposées par la raréfaction des ressources pétrolières, limites économiques (les plus modestes, même « insérés » et actifs, ne pourront faire face à l'augmentation des prix du carburant) et enfin limites physiques (saturation des villes, d'autant que le confort exigé par les résidents, les passants et les touristes tend à réduire les espaces du mouvement).

1. Jean-Pierre Orfeuil, « La mobilité, nouvelle question sociale ? », *op. cit.*

Une France périphérique sédentaire et populaire

Si les limites de la mobilité généralisée sont identifiées, cela ne signifie pas que la mobilité (physique, résidentielle et sociale) des individus soit derrière nous. Ce qui se dessine sur les lignes de fracture de la nouvelle géographie sociale, c'est l'accentuation des disparités entre catégories sociales mais aussi entre territoires. Les métropoles mondialisées et gentrifiées resteront celles des mobilités (par le haut pour les catégories supérieures et par le bas pour les catégories populaires immigrées), tandis que la France périphérique verra peu à peu émerger une France des sédentaires contraintes par le contexte économique, social et foncier.

Un déplacement régulier vers le travail en voiture à 20 km de chez soi coûte environ 250 euros par mois, c'est-à-dire ampute d'un quart un salaire au smic[1]. Ce constat permet de rappeler un point essentiel : la mobilité a un coût, d'autant plus important que les revenus sont modestes. Or, après plusieurs décennies de recomposition des territoires, les catégories populaires vivent désormais sur les territoires les plus éloignés des zones d'emplois les plus actives et où le maillage en transports publics est le plus faible. Elles sont donc contraintes d'utiliser une voiture et supportent donc, plus que d'autres, le

1. *Ibid.*

coût de la mobilité. En France, on estime la dépense moyenne pour l'automobile (tous postes confondus) de l'ordre de 3 800 euros par voiture, 4 400 par ménage et 5 500 par ménage équipé (en 2003). Chiffre à comparer au salaire médian (environ 1700 euros) et au smic (1 120 euros en 2013), montants rarement dépassés par les catégories populaires de cette France périphérique où les salariés à temps partiel et les allocataires de minima sociaux sont très nombreux.

D'autre part, dans ce contexte de grande fragilité sociale, la perte d'emploi fait basculer les individus dans une forme d'immobilité résidentielle. C'est ce que confirme l'économiste Laurent Davezies[1] en évoquant l'immobilité des ouvriers dans les régions industrielles en crise. Il précise que dans les cinq années précédant le recensement de 2006, 11 % des familles de cadres (soit 770 000 personnes) ont changé de département de résidence, et seulement 4 % des familles d'ouvriers (soit 530 000 personnes). L'économiste montre par ailleurs que lorsque déplacement il y a, celui-ci s'effectue vers des zones d'emplois limitrophes, ce qui revient le plus souvent à passer de territoires très difficiles vers des territoires un peu moins en difficulté. La conclusion est imparable : « On ne quitte pas des zones sinistrées pour des territoires dynamiques. »

1. L. Davezies, *La crise qui vient. La nouvelle fracture territoriale*, Seuil, 2012.

Si le constat est particulièrement marqué dans les anciennes régions industrielles, il concerne aussi désormais l'ensemble des territoires économiquement et socialement fragiles de la France périphérique. On comprend ici la radicalisation qui accompagne les plans sociaux dans l'ensemble de la France périphérique, la perte d'emploi dans ces territoires entraînant souvent un « chômage total ». Le mouvement des Bonnets rouges en Bretagne intérieure, sur un territoire où les perspectives d'emplois sont faibles s'explique aussi par le fait que la mobilité des individus est réduite. Il est en effet illusoire d'imaginer que des salariés modestes, par ailleurs très souvent propriétaires d'un patrimoine immobilier sans grande valeur, puissent vendre leurs biens pour rejoindre des zones d'emplois plus actives où la valeur des biens immobiliers est beaucoup plus élevée. La sociologue Cécile Vignal[1] a montré que, dans un tel contexte, des plans sociaux organisant les transferts d'activités et de personnel sur des sites distants, même relativement « généreux », ne suffisent pas à faire accepter des mobilités résidentielles lointaines, du moins dans les catégories ouvrières sans perspective d'ascension sociale.

La réalité est imparable : les catégories populaires, déjà peu mobiles, sont désormais piégées sur

1. Cécile Vignal, *Injonctions à la mobilité, arbitrages résidentiels et délocalisation de l'emploi*, PUF, 2005.

des territoires éloignés des zones qui créent l'emploi. Le coût du logement dans les régions dynamiques ne leur permet plus d'accéder à l'offre privée de logement des territoires économiques les plus actifs. La seule et dernière possibilité d'intégrer les zones d'emplois les plus actives passe par le logement social. Or si l'impact du contexte économique et social sur l'immobilité résidentielle est connu, on évoque moins l'impact de la question sociétale et culturelle sur la mobilité résidentielle des ménages modestes. La volonté d'éviter les quartiers et plus largement les territoires des grandes villes où se concentre l'immigration participe à la sédentarisation des populations dans des territoires économiquement peu dynamiques. Si les logiques économiques et foncières ont contribué à l'éloignement des ménages modestes dans l'espace, les stratégies d'évitement favorisent désormais un processus d'enracinement qu'aucune politique publique ne pourra endiguer.

L'impasse ?

Les sociologues Thierry Debrand et Claude Taffin expliquent[1] que l'accession à la propriété des

1. T. Debrand et C. Taffin, « La mobilité résidentielle depuis vingt ans : des facteurs structurels aux effets de la conjoncture », *Économie et Statistique*, n° 381-382, 2005.

ménages modestes peut être un obstacle à leur mobilité potentielle, donc à leur « employabilité », surtout dans les espaces économiquement peu dynamiques. Ils évoquent ainsi le risque que l'accession à la propriété ne se transforme en « trappe à pauvreté ». Cette sédentarisation contrainte se double souvent d'une évolution négative de la mobilité sociale. Sur le sujet, rappelons les analyses du sociologue Louis-André Vallet qui souligne que, si la mobilité sociale a augmenté sur le long terme (pour partie liée aux transformations structurelles), la fluidité sociale a peu évolué. « Parmi les quelque 12 millions de Français, hommes et femmes, âgés de 35 à 59 ans et qui ont un emploi en 1993, environ 4 % occupent des positions sociales qui n'auraient pas été les leurs en l'absence de cette augmentation de la fluidité sociale en quarante ans[1]. »

Dans cette France périphérique, l'emploi industriel, résidentiel et l'emploi dans la fonction publique territoriale sont majoritaires. Il y a peu de chance pour que ces secteurs d'activité créent beaucoup d'emplois dans les années à venir. Les jeunes gens qui entreront sur le marché du travail dans ces zones géographiques auront donc du mal à tirer leur épingle du jeu. Cette situation est la conséquence de l'éloignement des jeunes issus de milieux populaires de l'offre universitaire.

---

1. L.-A. Vallet, « Quarante années de mobilité sociale en France », *Revue française de sociologie*, vol. XL, n° 1, 1999.

À ce titre, le renforcement de la fracture scolaire semble obérer l'avenir. L'accès à l'enseignement supérieur et plus généralement la formation des jeunes ruraux est inférieure à celle des jeunes urbains. Aujourd'hui, le risque est grand de voir cette fracture scolaire se creuser entre l'ensemble de la France populaire et périphérique et celle de la France métropolitaine. Le contexte social et culturel britannique est évidemment différent mais on ne peut être indifférent au projet alarmant du ministre des Universités et de la Science, David Willetts, qui évoque dorénavant la nécessité de mettre en place une politique de discrimination positive en direction des jeunes blancs de la « working class » dont le taux d'accès à l'université, en chute libre, est inférieur à celui des enfants d'immigrés. Alors que les populations immigrées sont concentrées dans les centres urbains, à proximité des établissements d'enseignement supérieur, la *working class* blanche s'en est éloignée sous l'effet des logiques foncières et de la recomposition des territoires. Ces informations qui sont autant d'indicateurs de la recomposition des classes populaires en France et en Europe soulignent aussi l'impasse dans laquelle elles se trouvent désormais.

Face à la France des métropoles hypermobiles, une France de l'immobilité est en train d'émerger dans la France périphérique. Cette fracture territoriale dessine la confrontation à venir entre mobile et sédentaire. C'est cette France de la sédentarisation contrainte qui portera demain le modèle économique et politique alternatif. Imprégnées de l'idéologie mouvementiste, les classes dirigeantes qui ne perçoivent le monde qu'à partir des métropoles hypermobiles n'ont pas encore pris la mesure du changement culturel qui s'opère dans les périphéries de l'ensemble des pays développés. Car le monde de la sédentarisation qui vient est aussi celui de la relocalisation, il induit une critique frontale du modèle dominant.

Chapitre 7

Le village

L'adaptation de l'économie française aux règles de l'économie-monde, à la libre circulation des marchandises, des capitaux et des hommes a donc un coût dissimulé : celui de la mise à l'écart des classes populaires. En quelques décennies, la mondialisation a permis aux classes dominantes de se délester, en douceur et sans contestation majeure, des catégories désormais inutiles au nouveau modèle économique. Illustrations territoriales du processus de concentration des capitaux et des revenus[1], les métropoles mondialisées concentrent les secteurs économiques les plus dynamiques et les catégories qui comptent en rejetant les moins utiles dans les périphéries. Enfin, le pouvoir politique est devenu « un pouvoir sans pouvoir » : si le « gouvernement mondial » cher à Jacques Attali n'est pas encore une réalité visible, il apparaît que les orientations politiques et économiques ne se

1. Thomas Piketty, *Le Capital au XXIe siècle*, Seuil, 2013.

décident plus dans le cadre traditionnel des États[1]. Warren Buffett a donc raison, pour les élites, la victoire est totale… À un détail près : même performante, une organisation économique et politique qui n'intègre pas les individus ne forme pas une société. Nous en sommes là.

Sommes-nous pour autant à la veille d'une révolution, les manifestations vont-elles se multiplier, un mouvement social « classique » est-il envisageable ? La réponse est non. Là encore, il convient de s'affranchir des représentations traditionnelles et des images éculées de « la révolte ». On ne reprendra pas la Bastille. La manifestation, les luttes avec les corps intermédiaires, les syndicats ne modifieront en rien les rapports de force. Et ce pour une bonne raison : les classes dominantes ont intégré depuis longtemps toutes ces formes de contestation. L'échec politique de Jean-Luc Mélenchon est à ce titre emblématique. La gauche de la gauche a perdu le vote des plus modestes car elle alimente le spectacle politique en surjouant une mythologie ouvrière qui ne peut plus parler aux nouvelles classes populaires.

Et pourtant, à bas bruit, une contre-société est en train de naître. Une contre-société qui contredit un modèle mondialisé « hors sol » ; un meilleur des mondes, sans classes sociales, sans frontières,

1. J.-P. Chevènement, *La France est-elle finie ?*, *op. cit.*

sans identité et sans conflits. Cette vision irénique du monde est balayée non seulement par l'accentuation des fractures sociales et culturelles mais aussi par la résurgence, à l'heure de la mondialisation, du « village ».

En 2012, le sociologue et historien Jean-Pierre Le Goff publiait *La Fin du village. Une histoire française* [1]. Dans cette minutieuse monographie du village de Cadenet dans le Vaucluse, le chercheur démontre pourquoi, à l'heure de la mondialisation, « le village et sa communauté villageoise » ne relèvent plus que du fantasme. Après plusieurs décennies de recomposition sociale et démographique, Le Goff décrit la fin d'une collectivité villageoise et des solidarités anciennes avec l'arrivée de la modernité, du tourisme, de nouveaux habitants, rurbains et/ou bobos mais aussi avec la progression du chômage et l'incrustation d'un malaise social sans précédent. La fin du village donc. Mais, et c'est le paradoxe, si le village, celui de « la France tranquille » est définitivement mort, les contraintes économiques, sociales, foncières et sociétales favorisent le retour du « village » au sens d'un continuum socioculturel. Inutile de convoquer ici les années 1930, le « village gaulois », ou la « colline inspirée », ce qui se dessine tient plus du pragmatisme des classes populaires que de l'idéologie.

1. Jean-Pierre Le Goff, *La Fin du village*, Gallimard, 2012.

Ce retour du « bled » en milieu populaire est d'abord une réponse aux effets de la mondialisation. Et cette dynamique universelle concerne l'ensemble des milieux populaires, quelles que soient leurs origines, de la France périphérique aux banlieues. Il ne fait aucun doute que la mise à l'écart des catégories modestes, éloignées des zones d'emplois les plus actives, leur relocalisation notamment dans une « France périphérique » et leur sédentarisation contrainte participent à un mouvement généralisé de relocalisation. Le surinvestissement sur le territoire, la maison, son environnement culturel est désormais une tendance lourde dans les milieux populaires, ceux qui n'ont pas trouvé leur place dans la mondialisation. Cette relocalisation contrainte, analysée comme un processus de repli, permet en réalité de recouvrer un « capital d'autochtonie[1] ». Elle montre la place centrale que revêt, pour les classes populaires, l'enracinement local car il est source de liens sociaux. Face à la mondialisation et à l'émergence d'une société multiculturelle, ce capital social est une ressource essentielle pour les catégories populaires, qu'elles soient d'origine française ou immigrée. Des espaces ruraux aux banlieues, ce « capital du pauvre » est la garantie de liens sociaux

1. Jean-Noël Retière, « Autour de l'autochtonie : réflexions sur la notion de capital social populaire », *Politix*, n° 63 (vol. 16), 2003.

partagés. Le « village » agit en effet comme un contre-modèle à la société mobile et mondialisée.

On comprend dans cette logique pourquoi la question de l'autochtonie a été autant critiquée par les promoteurs du libre-échange et de la société sans frontières. On peut toutefois remarquer que les tenants de la société ouverte ne sont pas insensibles à ce capital d'autochtonie. Les quartiers boboïsés des grandes métropoles fonctionnent eux aussi sur un fort capital d'autochtonie, presque communautaire. À l'heure où les classes populaires sont régulièrement sermonnées pour leur populisme, leur racisme, voire leur communautarisme, il apparaît que les couches supérieures (des riches aux bobos) pratiquent de plus en plus une forme de communautarisme qu'elles refusent aux plus modestes. Contrairement à ce que laisse entendre le discours dominant, ce n'est pas la peur de la mondialisation et du multiculturalisme qui alimente la « vague populiste », c'est exactement l'inverse. Les catégories populaires ont joué le jeu, pratiqué, porté l'adaptation de la société française à l'économie-monde. De la même manière, elles n'ont pas une peur irrationnelle du multiculturalisme, ce sont elles qui ont pratiqué dans le réel les échanges avec l'autre dans un contexte social et économique dégradé. Elles en ont tiré un bilan, calme et rationnel. La résurgence du « village » apparaît comme une réponse concrète des catégories modestes à l'insécurité sociale et culturelle.

La nouvelle géographie sociale et plusieurs décennies de séparatisme dessinent aujourd'hui les contours de nouveaux continuums économiques et socioculturels : celui de la France populaire et périphérique, celui des territoires-sas dans les grandes villes qui concentrent l'immigration, ou celui des métropoles gentrifiées et embourgeoisées. Fruits de la mondialisation, ces « villages » n'ont pas les mêmes dynamiques économiques ou démographiques, pas le même rapport au monde, ni le même destin. Ces blocs socioculturels feront-ils encore société demain ? Le « village » est le fruit de la mondialisation, il ne s'inscrit pas dans un récit national. Aujourd'hui, les logiques économiques et foncières, mais aussi la volonté, en milieu populaire, de ne pas devenir minoritaire, tendent à renforcer la singularité de ces différents espaces. Ces évolutions interrogent fortement le rapport à l'État, notamment dans la France périphérique où l'on assiste aujourd'hui à une critique ambivalente d'un État-providence dont on a paradoxalement de plus en plus besoin.

Le rejet de l'immigration, une spécificité nationale ?

75 %, c'est désormais la part des Français qui considèrent qu'il y a trop d'immigrés, 60 % pensant qu'» on ne se sent plus chez soi comme avant

en France[1] ». Cette enquête intitulée « Fractures françaises[2] », parue en avril 2014, ne fait que confirmer une tendance mesurée par les instituts de sondage depuis des années. Ipsos met ainsi en évidence une évolution profonde de la société sur les thématiques identitaires : repli et crispation identitaires, exacerbation de la défiance. Les résultats confirment l'hostilité parfois massive à l'égard des étrangers : 66 % des Français sont ainsi d'accord avec l'idée selon laquelle il y a trop d'étrangers en France, 47 % pensent que pour réduire le nombre de chômeurs en France il faut réduire le nombre d'immigrés. Le rejet de l'islam est majoritaire. 63 % des Français considèrent que cette religion n'est pas compatible avec les valeurs de la société française (46 % à gauche et 72 % à l'UMP). L'évolution concerne une majorité de citoyens quelle que soit leur couleur politique.

Contrairement à ce qu'on a longtemps cru, le vote FN n'a jamais été le bon indicateur pour mesurer le rejet massif de l'immigration. Si 3 Français sur 4 considèrent qu'il y a trop d'immigrés, c'est que le phénomène dépasse de très loin les 20 % d'électeurs frontistes. Cette question préoccupe la société tout entière et si elle peut s'exprimer dans le vote FN, elle prend en réalité des formes multiples en fonction du

1. Sondage, avril 2014, CNCDH.
2. Enquête Ipsos/Steria réalisée pour *Le Monde*.

lieu de vie, de la couleur politique et de la situation sociale. Le rejet de l'immigration s'exprime tout autant par le vote frontiste que par les pratiques de contournement discrètes de la carte scolaire.

La société française est-elle en train de basculer, vivons-nous un bégaiement de l'histoire ? La vieille « idéologie française[1] » est-elle de retour ? La France moisie et raciste rassemble-t-elle désormais 3 Français sur 4 ? Cette évolution sociétale est-elle spécifique à l'Hexagone ?

Une autre enquête de l'institut Ipsos réalisée en juin 2011[2] permet de prendre du recul et d'observer ces tendances à l'échelle mondiale. L'étude menée dans 23 pays du monde montre que si 54 % des Français pensent qu'il y a trop d'immigrés, ce pourcentage correspond à la moyenne des pays interrogés. Le pourcentage est beaucoup plus élevé pour les Britanniques (71 %), les Belges (72 %), les Italiens (67 %), les Espagnols (67 %), les Russes (77 %), les Argentins (61 %), les Indiens (59 %) ou les Américains (60 %)… et singulièrement bas pour le Japon (30 %) où les flux migratoires sont très faibles.

En la matière, il apparaît que le modèle de type « anglo-saxon communautariste » ou de type

1. Bernard-Henri Lévy, *L'Idéologie française*, Le Livre de Poche, 1998.

2. Ipsos, février 2011.

« républicain français » ne joue qu'à la marge sur la perception de l'étranger. Pas de spécificité française donc, pas plus de spécificité européenne. Difficile, au vu de ces résultats, de soutenir que le rejet de l'immigration exprimerait donc la peur d'une Europe, blanche, chrétienne, vieillissante face à une immigration extra-européenne, musulmane et jeune. Processus universel, la peur de l'immigration concerne tous les individus, quelle que soit leur culture ou leur origine.

En 2014, une enquête consacrée aux Français musulmans de la région parisienne[1] montre à bien des égards que la perception de l'immigration n'est pas très différente quelle que soit l'origine des Français concernés. Ainsi, si 82 % des musulmans franciliens interrogés sont favorables au droit de vote des étrangers, ils sont la moitié à juger « qu'il y a trop d'immigrés » (5 points de plus que la moyenne francilienne), et 52 % à considérer que l'on « ne se sent plus chez soi comme avant » (11 points de plus que la moyenne francilienne.)

L'Île-de-France est la seule région où les catégories populaires (ouvriers-employés) sont minoritaires, les catégories supérieures, les cadres, les professions intellectuelles y sont en revanche surreprésentés. Ces couches supérieures sont celles qui sont le plus ouvertes sur la question de l'immigration. Cela n'est pas surprenant puisque ces

1. Enquête TNS Sofres/ Fondation Jean-Jaurès.

catégories sont aussi celles qui ont les moyens de la frontière avec l'autre, celles qui peuvent réaliser des choix résidentiels et scolaires qui leur permettent d'échapper au « vivre véritablement ensemble ». À l'inverse, les Français musulmans, surreprésentés dans les catégories populaires franciliennes, vivent au quotidien la question des flux migratoires, dans des villes ou des quartiers où se concentrent les flux d'immigration récente, c'est-à-dire dans des espaces où les mobilités résidentielles sont fortes et l'instabilité démographique permanente. Or, une part importante de la population musulmane francilienne, souvent en phase d'ascension sociale et vieillissante, vit difficilement l'intensification des flux migratoires récents, souvent subsahariens, qui contribuent fortement à une forme d'insécurité culturelle.

Cette question de l'immigration ne se pose pas seulement sur le territoire de la métropole. Les Antillais ou les Corses sont aussi très sensibles à la question de l'instabilité démographique et aux effets de l'installation de populations étrangères et/ou métropolitaines.

La question de l'immigration clandestine provoque ainsi des tensions importantes dans les DOM entre autochtones et migrants, notamment en Guyane, à Mayotte ou en Guadeloupe. Les Mahorais avaient ainsi manifesté en 2013 pour demander la suppression du droit du sol afin de décourager l'immigration comorienne. En Guadeloupe, c'est l'immigration dominicaine et dans une moindre mesure haïtienne qui nourrit les ressentiments. On le voit, comme en métropole, l'instabilité démographique, sur fond de précarisation sociale, crée une insécurité culturelle source d'un refus toujours plus massif de l'immigration.

Sur ces territoires, où l'emploi est rare et le niveau de vie faible se développe aussi un rejet de l'immigration métropolitaine. Si l'installation de « métros » aux Antilles ou en Corse est perçue comme une injustice économique et sociale, elle pose aussi la question du flux migratoire incontrôlé susceptible de déstabiliser culturellement la société locale. Aimé Césaire pointait déjà à la fin des années 1970 le risque que représentait l'installation aux Antilles des populations métropolitaines, en évoquant la « substitution » de population. Il est important de souligner que ce sentiment « anti-métro » peut être partagé par les Antillais de toutes origines, qu'ils soient noirs, métis, blancs ou indiens.

Une insécurité culturelle similaire est ressentie en Corse dont la population, peu nombreuse et vieillissante, ressent l'installation des gens venus d'ailleurs, de métropole ou de l'étranger, comme une menace culturelle accentuée par la peur de devenir minoritaire. Le discours anti-immigrés se double ainsi d'un discours qui vise plus spécifiquement les métropolitains. À la question de la « corsisation » des emplois est du reste venue s'ajouter récemment celle d'un accès à la propriété réservé aux résidents corses. En avril 2014[1], l'Assemblée de Corse a ainsi adopté une décision qui oblige à être résident permanent de l'île depuis au moins cinq ans pour y devenir propriétaire. Comme l'explique le président du conseil exécutif de la Collectivité territoriale de Corse, Paul Giacobbi : « Il s'agit simplement de faire face à l'appropriation massive du foncier. » Le maire de Bastia précise qu'« il s'agit simplement d'éviter que des gens qui ont les moyens de se payer un territoire ne possèdent à distance une île comme la nôtre au détriment de sa population ».

Les territoires, les contextes socioculturels, le rapport à la question de l'immigration, le rapport à l'autre provoquent les mêmes réactions quelle que soit l'origine des personnes concernées, ici et ailleurs. L'évocation du rapport aux flux migratoires, notamment dans des pays émetteurs comme l'Algérie ou le Maroc, ou en Israël, où la question de l'altérité est centrale, permet de souligner l'ambivalence du rapport à l'autre mais aussi son universalité.

En novembre 2012, le magazine *Maroc Hebdo* avait suscité l'émoi en affichant sur sa « une » le titre « le péril noir[2] » pour dénoncer l'immigration

1. Cette décision ne sera pas appliquée, car jugée anticonstitutionnelle.

2. *Maroc Hebdo*, « Le péril noir », novembre 2012.

subsaharienne. En quelques années, le Maroc, qui est toujours une terre de transit pour les migrants subsahariens, est devenu aussi une destination finale. Le pays enregistre le développement d'un racisme anti-Noirs qui prend la forme d'insultes et d'agressions violentes et aboutit parfois à des meurtres comme à Tanger et à Rabat en 2013. La situation est si préoccupante que le gouvernement lance cette année pour la première fois une campagne contre le racisme envers les migrants subsahariens.

L'Algérie, pays d'émigration, devient aussi un pays d'installation, notamment pour des populations en provenance d'Afrique subsaharienne. Ces migrants s'installent notamment dans les villes du Sud, qui recrutent sur les grands chantiers. Ils renforcent ainsi le nombre des saisonniers maliens et nigériens traditionnellement présents sur le territoire. Mais le migrant subsaharien est surtout associé à la délinquance et considéré comme responsable des trafics de drogues dures, singulièrement à Alger. Ce rejet ne concerne pas seulement les subsahariens, on se souvient notamment des violents heurts de 2009 entre Algérois et immigrés chinois. Des affrontements similaires ont été enregistrés dans d'autres villes comme Blida, où les travailleurs chinois sont nombreux.

Ici encore, les tensions communautaires comportent tout autant une dimension économique et sociale que culturelle. La question du travail et des emplois occupés par les Chinois est évidemment essentielle dans un pays qui compte autant de chômeurs mais elle est renforcée par une dimension culturelle, liée à la cohabitation de populations qui ne partagent ni la même langue ni les mêmes croyances.

Cinquante ans de surmédiatisation du conflit israélo-palestinien ont contribué à singulariser exagérément les Israéliens et les Palestiniens. Les uns étant sommés de porter la mythologie israélo-juive, les autres d'incarner la mythologie arabo-musulmane. Si on se détache un instant de ces passions géopolitiques, on ne peut qu'être frappé par la banalité des ressorts du conflit. Territoire, instabilité démographique, insécurité culturelle, rapport à l'autre… les causes des tensions sont toujours les mêmes. Pour les juifs israéliens, la peur de devenir minoritaire est d'autant plus forte que le territoire est restreint et la dynamique démographique, à l'exception des orthodoxes, faible. Pour les Palestiniens, la question du territoire est d'autant plus vitale que la dynamique démographique est forte. La banalité de cette lutte territoriale et culturelle est occultée par l'instrumentalisation politique du conflit, qui ne permet pas de percevoir le caractère universel de ces tensions. En la matière, il n'y a pas à rechercher de spécificité juive ou arabo-musulmane à l'histoire d'Israël. D'ailleurs, les tensions que provoque actuellement l'immigration subsaharienne dans certains quartiers de Tel-Aviv démontrent à quel point le rapport à l'autre, au territoire et à l'immigration est universel. Si l'histoire juive est d'abord celle d'une communauté structurellement minoritaire, l'histoire israélienne est l'histoire d'une majorité qui ne veut plus devenir minoritaire. La création d'un État juif a ainsi banalisé le peuple juif en lui offrant un territoire mais aussi une population majoritaire face à des minorités aujourd'hui diverses. À l'heure de la mondialisation, l'État juif est ainsi banalement confronté à l'immigration.

Depuis 2011, les tensions et violences à l'encontre des migrants africains pour l'essentiel originaires du Soudan et d'Érythrée se multiplient, notamment à Tel-Aviv, Eilat ou Ashdod. La concentration d'immigrés africains dans certains quartiers pauvres de Tel-Aviv (une population estimée à 25 % de la population des quartiers sud de la ville) crée une situation nouvelle où les autochtones craignent de devenir minoritaires. Des manifestations anti-immigrés ont du reste été organisées et les politiciens n'hésitent plus à promettre une expulsion massive des immigrés africains. Le conflit israélo-palestinien, la volonté de part et d'autre de considérer Israël comme un pays à part, l'histoire juive, ont longtemps éclipsé la réalité sociale de la population juive, et notamment ces catégories les plus modestes. L'immigration africaine et la cohabitation qu'elle entraîne avec les classes populaires israéliennes permettent de souligner l'absence de singularité du peuple juif face à l'insécurité culturelle.

Si l'État israélien vit depuis sa création dans la crainte de la guerre, les couches populaires israéliennes vivent aussi dans la crainte d'être submergées par une immigration pacifique qui remettrait néanmoins en cause leur identité et leur statut majoritaire. La radicalité des discours anti-immigrés trouve ses racines profondes dans cette anxiété qui est d'autant plus forte que ce fragile statut d'autochtone majoritaire est très récent. Ici comme ailleurs, c'est la question de l'avenir de son « village » et de sa transmission qui est posée.

À l'heure de la mondialisation, le rapport à l'autre, la question du village sont devenus des questions existentielles. C'est vrai en France, en Europe, au Maghreb, en Israël… c'est vrai aussi en Chine ou au Sénégal.

Plutôt que de convoquer la question du racisme, n'est-il pas temps d'accepter que la question du « village » soit au cœur des préoccupations des catégories populaires ici et ailleurs ? Des montagnes de Kabylie aux grandes villes chinoises, la question universelle du « village » raconte, à l'heure de la mondialisation, la nécessité pour les plus modestes de préserver un capital social et culturel à l'heure où l'État ne protège plus.

Personne ne souhaite être minoritaire

Si le rapport à l'autre est universel, il se trouve exacerbé dans une société multiculturelle. Pourquoi ?

Le processus d'assimilation et d'acculturation qui avait accompagné toutes les vagues d'immigration jusqu'aux années 1970-1980 a vécu. Nous sommes aujourd'hui au contraire dans l'affirmation des identités, des cultures et/ou des religions. Ce multiculturalisme de fait modifie en profondeur le rapport à l'autre. Car dans une société multiculturelle, « l'autre » ne devient pas soi. Cela ne signifie pas qu'il est un ennemi ou un danger mais que, potentiellement, et sur un territoire donné, on peut devenir minoritaire. L'intensité et la permanence des flux d'entrées sur le territoire créent ainsi un état d'anxiété intense dans les milieux populaires, y compris sur les territoires qui ne comptent pas d'immigrés.

Michèle Tribalat[1] rappelle ainsi qu'en termes relatifs, l'accroissement de la proportion d'immigrés dans les années 2000 est comparable à celui observé pendant les Trente Glorieuses, c'est-à-dire à une période de plein-emploi. Le flux d'immigration dépasse ainsi 200 000 entrées depuis 2002. La démographe rappelle que le solde entre ces entrées

1. Michèle Tribalat, *Assimilation : la fin du modèle français, op. cit.*

et les sorties ne veut rien dire puisqu'il s'agit d'une moyenne entre le solde migratoire positif des immigrés et le solde migratoire négatif des natifs. L'importance de ces flux dans une période où le chômage et la précarité sociale sont élevés est d'autant plus sensible que le modèle assimilationniste républicain s'éteint pour laisser place à une société multiculturelle. Dans une société multiculturelle où l'autre ne devient pas soi, la question du nombre devient essentielle : combien va être « l'Autre » dans ma ville, mon village, mon quartier, mon immeuble ?

La poursuite d'une immigration forte impose un constat : nous sommes entrés dans le temps des minorités et des majorités relatives. Cette instabilité démographique rend incertain le statut culturel des individus et notamment celui de l'accueillant en créant de fait une forme d'insécurité culturelle. Cette insécurité s'oppose en tout point à la situation qui prévalait hier et où l'accueillant, l'autochtone était le référent culturel auquel on devait ressembler. Insécurisante, la société multiculturelle génère aussi une forme de paranoïa collective. Car « l'Autre » devient mécaniquement un sujet d'inquiétude ou de fantasme. Ce rapport à « l'Autre » concerne ainsi tous les individus, quelles que soient leurs origines. Ce constat, qui percute la doxa républicaine « qui ne reconnaît pas les origines », est pourtant universel : le rapport à « l'autre » et à la « minorité » s'appuie sur les mêmes ressorts partout dans le monde. Il n'est scandaleux que s'il se réfère à une hiérarchie entre les peuples et les cultures, mais légitime quand il répond à l'angoisse compréhensible de ne pas souhaiter être ou devenir « minoritaire » sur un territoire donné.

Devenir ou être minoritaire, c'est dépendre de la bienveillance d'une majorité

S'il est clair que devenir minoritaire sur un territoire où on était majoritaire est évidemment un choc pour les individus, il importe aussi de souligner que le statut « minoritaire » n'est jamais confortable. C'est pourquoi les primo-arrivants recherchent souvent le regroupement « communautaire ». Au-delà, il faut dire qu'il s'agit de toute manière d'un statut précaire.

Si la place des minorités diffère fortement selon les époques, les lieux et les systèmes politico-religieux, force est de constater que faire partie d'une minorité crée a minima une forme d'insécurité culturelle et au pire une insécurité physique.

« Minorité structurelle », les juifs ont aussi la pratique la plus ancienne du « fait minoritaire ». Nous n'abordons pas ici « la question juive », mais d'abord la question du « village » à partir du fait minoritaire. S'il est évident que la création d'un État juif est une conséquence des massacres de la

Seconde Guerre mondiale, il faut y voir comme une réponse concrète au fait minoritaire. Si le sionisme est une construction des élites juives, il peut aussi apparaître comme une réponse rationnelle au vécu minoritaire d'une partie des couches populaires juives, celles qui vivent le contact avec « l'Autre » aussi bien dans le monde européen que dans le monde musulman. À ce titre, les travaux de Georges Bensoussan sur la perception des rapports entre juifs et musulmans[1], notamment au Maroc, montrent à quel point la perception de l'autre différait radicalement en fonction de sa position sociale. En France, il est évident que la perception juive de la communauté musulmane diffère fortement selon que l'on vit à Sarcelles ou à Saint-Germain. Si la création d'un État juif contredit fortement les idéaux universalistes et républicains, elle s'inscrit dans une logique anthropologique universelle qui est celle du village. Avec Israël, les juifs passent du ghetto au village. Ce passage d'une minorité structurelle à une majorité relative soulève évidemment des questions touchant le rapport à l'autre, le développement de logiques séparatistes, la création de colonies autour de Jérusalem qui visent par exemple à maintenir le fait majoritaire. Le contexte israélien aboutit à une inversion du statut « minoritaire » qui est désormais celui des Arabes

1. Georges Bensoussan, *Juifs en pays arabes. Le grand déracinement*, Tallandier, 2012.

israéliens. Au temps des minorités et majorités relatives, et dans un contexte où le « village palestinien » a aussi toute sa légitimité, la dynamique démographique des différentes communautés devient alors un enjeu géopolitique et culturel majeur. Cette digression sur la minorité juive ne permet évidemment pas d'illustrer la diversité et la complexité du rapport entre minorités et majorités en France, mais illustre un sentiment universel : personne ne souhaite être et encore moins devenir minoritaire. C'est dans ce sens qu'il faut comprendre les regroupements ethno-culturels et/ou amicaux de populations immigrées, c'est aussi dans cette perspective qu'il faut envisager le processus de séparation à l'œuvre depuis plusieurs décennies entre catégories populaires d'origine française et/ou d'immigration ancienne et catégories populaires d'immigration récente.

C'est encore le rapport « minorités majorités » qui explique pour partie la perception négative des musulmans. Minorité en forte augmentation, les musulmans deviennent parfois majoritaires sur certains territoires. Cette dynamique nourrit une forte anxiété.

En effet, si l'on remplaçait demain les 6 millions de musulmans par 6 millions de sikhs, les controverses sur le port du kirpan (poignard mais aussi symbole religieux pour la communauté sikh) ou la construction de temples sikhs se multiplieraient. Ce qui compte dans une société multiculturelle, c'est la relativité du statut « majoritaire » et la dynamique migratoire. L'absence de débat sérieux sur la question des flux migratoires renforce mécaniquement l'anxiété autour de la communauté la plus importante et la plus dynamique, la communauté musulmane.

La question des dynamiques migratoires et du rapport minorité/majorité est le moteur de la montée des partis dits populistes partout en Europe. Elle contredit l'analyse simpliste des élites protégées autour de la « peur de l'autre » ; surtout, elle exige de traiter les effets de l'immigration et de l'émergence d'une société multiculturelle. Une réalité où l'autre ne fait pas nécessairement peur, mais à laquelle les catégories populaires doivent répondre, seules, au risque d'être minoritaires.

Le séparatisme ou le refus du conflit

Réponse directe à l'instabilité démographique, le séparatisme au sein des milieux populaires n'est plus une hypothèse mais une réalité[1] : les catégories populaires d'origine française et d'immigration ancienne ne vivent plus sur les mêmes territoires que les catégories populaires d'immigration récente. Ce séparatisme territorial est perçu par les

1. Voir C. Guilluy, *Fractures francaises*, *op. cit.*, chap. IX à XI.

couches supérieures au mieux comme une faute morale, au pire comme la preuve du racisme inhérent aux classes populaires. Elles ne comprennent pas qu'il s'agit en réalité d'une réponse pragmatique et pacifique à l'évolution démographique. Car contrairement aux idées reçues, se séparer revient précisément à éviter la guerre. C'est du reste le principe du divorce : on se sépare pour faire baisser les tensions et éventuellement reconstruire des relations apaisées. Le nombre peu élevé d'actes violents racistes en France, comparé à ce qui se passe dans les autres pays européens, illustre non seulement le calme relatif des autochtones, mais aussi les effets paradoxalement positifs du séparatisme.

En 2013, la Commission nationale consultative des droits de l'homme (CNCDH)[1], qui publie chaque année le bilan des actes racistes, indiquait que les actes antimusulmans n'excédaient pas cinquante. C'est évidemment cinquante de trop, mais comparé à l'importance de la population musulmane, ce bilan est loin d'indiquer une flambée des violences racistes. Il souligne, non pas un pays sur le chemin de la guerre, mais au contraire un profond refus des tensions.

Mais les classes dominantes, celles qui ont les moyens de la frontière invisible avec l'autre, ne veulent pas de cette séparation. Ce sont elles qui

1. CNCDH, rapport annuel.

demandent, au nom du bien, toujours plus de « mixité ». Cette volonté d'imposer « la mixité » aux autres risque de poser un problème aujourd'hui à un moment où le desserrement, compte tenu des logiques foncières, ne va plus être possible. Tout se passe comme si les élites voulaient créer les conditions de la tension.

Le décalage entre la perception des élites et celles du peuple se lit dans cette gestion du multiculturel. Aux classes dominantes, qui vivent le « multiculturalisme à 5 000 euros par mois », et pour qui la solution passe par plus de mixité, les classes populaires, « celles qui vivent le multiculturalisme à 1 000 euros par mois », répondent séparatisme.

Les débats byzantins sur l'immigration, l'identité, le droit du sol, du sang sont vains, puisqu'ils ont déjà été tranchés dans le réel. Il suffit d'observer comment se gère le rapport à l'autre ici et ailleurs. Le processus est identique partout, le rapport à l'autre et au « village » est le même de La Courneuve, à la Picardie, de Hénin-Beaumont à Marseille, des villages bretons à ceux de Kabylie, du Xinjiang à l'Oregon : les catégories modestes souhaitent préserver leur capital social et assurer la transmission de leur patrimoine et de leur « village » à leurs enfants. Il s'agit d'une démarche de protection, pas de fermeture, elle n'interdit donc pas l'accueil de l'autre ni la fraternité mais exige un entre-soi majoritaire.

De l'insécurité culturelle à l'hinterland culturel

Si le séparatisme est la réponse à l'instabilité démographique et à la nécessité de ne pas devenir minoritaire, l'érection de « frontières invisibles » et le développement d'un hinterland apparaissent comme des réponses à l'insécurité culturelle.

Partant du constat que la question sociale se double d'une question culturelle, nous avons créé le concept d'« insécurité culturelle » au début des années 2000 pour décrire le ressenti des catégories populaires confrontées à l'intensification des flux migratoires dans le contexte nouveau de l'émergence d'une société multiculturelle. Compte tenu de la polémique suscitée[1] par l'apparition de ce concept et des interprétations erronées qu'on lui prête, il n'est pas inutile de rappeler sa genèse. Conçu dans le cadre de travaux sur l'évolution du peuplement dans le logement social des ZUS, le concept visait à être opérationnel pour des bailleurs sociaux qui gèrent concrètement la question de l'intensification des flux migratoires et de l'altérité culturelle depuis les années 1980. Ils doivent en effet répondre à des injonctions contradictoires du politique qui leur demande d'organiser la mixité dans le parc social et dans le même temps de refuser toute approche ethnoculturelle du

1. France Culture /Sylvain Kahn, avril 2012.

peuplement. Dans le cadre d'une mission, nous avons été amenés à porter un diagnostic sur l'évolution d'un quartier de logements sociaux où les populations immigrées étaient devenues majoritaires dans les années 1990, et où, inversement, les catégories populaires d'origine française, souvent des retraités, étaient devenues minoritaires. Alors même que le quartier analysé ne posait aucun problème d'insécurité et ne concentrait pas non plus de trop grandes difficultés sociales, le bailleur recevait pourtant des demandes de mutations essentiellement de la part des plus âgés. Les entretiens avec les habitants révélaient l'anxiété des populations, générée par leur changement de « statut culturel ». Tous les anciens habitants exprimaient une forme d'insécurité liée au passage d'un statut de « référent culturel » majoritaire, à celui d'une minorité qui ne pèse plus dans le quartier. Ce ressenti n'interdisait évidemment pas le contact et la fraternité avec les populations immigrées, mais exprimait une nouvelle forme d'insécurité qui n'était ni physique, ni sociale mais culturelle. Ce « devenir minoritaire » constitue un choc d'autant plus important qu'il impose de fait une forme de négociation et de domination à laquelle n'étaient pas préparées des catégories modestes découvrant à l'âge de la retraite les ressorts de la société multiculturelle.

La domination culturelle d'un groupe majoritaire, peu importe qu'il soit composé de musulmans, de chrétiens ou d'animistes, est le moteur de l'insécurité culturelle. Une domination que les catégories supérieures évitent, y compris dans les espaces de forte mixité comme le sont par exemple les quartiers boboïsés des grandes villes, en érigeant des « frontières invisibles ». Ces catégories développent en effet une palette infinie de stratégies discrètes d'évitement résidentiel et scolaire qui permettent pour finir de s'extraire de toute domination culturelle.

Quand elles le peuvent, les catégories populaires répondent à la question de la domination en fonction de leur dynamique démographique sur un territoire donné. Sur les territoires d'accueil des flux migratoires, par exemple les ZUS, la dynamique démographique influence les stratégies des individus. Pour les classes populaires d'origine étrangère dont la dynamique est favorable, l'accession au « statut majoritaire » à court ou moyen terme permet une forme de sécurisation culturelle par la création d'espace où il ne sera pas nécessaire de se confronter à une majorité culturelle donc à négocier et/ou à être discriminé. Pour les couches populaires d'origine française et/ou d'immigration ancienne dont la dynamique démographique est déclinante, deux solutions se sont imposées. Partir ou négocier sa présence. L'analyse des mobilités montre que pour l'essentiel les catégories populaires ont fui ces quartiers et surtout ne s'y installent plus. Pour ceux qui ne peuvent quitter ces espaces, le statut de minoritaire impose négociation et/ou domination.

Ces évolutions expliquent la constitution de continuum socioculturels ou d'hinterland culturels qui permettent de répondre à l'insécurité culturelle générée par la société multiculturelle. Ces hinterlands culturels concernent l'ensemble des catégories populaires, quelles que soient leurs origines ou religions. Contrairement à l'idée reçue selon laquelle seul le « petit Blanc » en quête d'une « francité imaginaire[1] » serait tenté par le séparatisme et l'hinterland culturel, ces dynamiques concernent tous les individus. L'erreur fondamentale consiste à attribuer à des catégories populaires déchristianisées, déracinées, parfois déculturées, la volonté de réactiver la France pétainiste ou maurrassienne dont ils ne soupçonnent même pas l'existence ! En réalité, il est question ici du nouveau rapport des catégories modestes aux territoires et à l'altérité dans une société mondialisée et multiculturelle. Il ne s'agit donc pas du bricolage d'une « francité imaginaire » mais d'une réaction rationnelle – et universelle – à une question sociale et culturelle. Ce constat, les classes dominantes le refusent ; aveuglées par leur mission civilisatrice, ou par un solide racisme social, elles restent persuadées que l'ignorance est la cause du dérapage culturel des

1. Jean-Claude Kaufman, « Front national : ascension concrète et identités illusoires », *Libération*, 26 mars 2014.

catégories populaires. Il est à ce titre assez significatif qu'après plusieurs décennies d'incrustation du vote FN parmi les plus modestes, le faible niveau d'études soit toujours mis en avant comme première cause du rejet de l'autre. Les classes dominantes, singulièrement à gauche, font ainsi perdurer l'idée de classes populaires incultes manipulées par les forces obscures du populisme. À aucun moment, on ne reconnaît que le niveau culturel des catégories modestes n'a cessé d'augmenter, ni d'ailleurs que beaucoup de jeunes diplômés issus de milieux populaires partagent la même analyse. En réalité, il est frappant de constater que la nouvelle bourgeoisie, souvent de gauche, s'inscrit dans la droite ligne de la bourgeoisie traditionnelle qui ne pouvait percevoir les classes populaires que comme des classes dangereuses, incultes et infantiles qu'il fallait éduquer de toute urgence. Sur ce point, rien n'a changé.

Faire société dans la similitude ?

Cela fait maintenant vingt ans que toutes les politiques publiques territoriales, de la ville et du logement ont intégré un objectif de mixité dit « sociale » (lire en réalité « ethnique »). Vingt ans aussi que les pratiques d'évitement scolaire et résidentiel se renforcent dans tous les milieux. Tout se passe comme si l'injonction de mixité venue d'en haut n'avait aucune prise sur le réel. Portés par des logiques socio-économiques et des pratiques d'évitement dans la France périphérique ou par une forme de communautarisme en banlieue, de nouveaux continuums socioculturels se construisent contre la volonté des pouvoirs publics. Si les couches supérieures pratiquent depuis toujours un entre-soi plus ou moins assumé, cette volonté de faire société dans la similitude est singulièrement refusée aux catégories populaires. Les discours sur la xénophobie des prolos qui fuient la « diversité » pour se replier sur leur village, leur pavillon, leurs petites villes font d'ailleurs écho à la critique radicale de toute forme de communautarisme et/ou de « repli » sur une culture, une religion. Cette critique radicale, portée par ceux qui pratiquent l'évitement, est révélatrice de la panique qui s'empare des élites mondialisées face à un mouvement profond de relocalisation, de réenracinement social et culturel qui contredit les fondamentaux de la doxa libérale.

Le chantage à « la guerre » vise ainsi à occulter le fait que les classes populaires retrouvent un environnement social et culturel, un capital d'autochtonie, susceptible de redéfinir un rapport de force avec les classes dominantes. Dans ce contexte, on comprend mieux la panique qui s'empare des élites à l'idée que des formes de solidarité populaire puissent naître de cette volonté de « faire société » en réhabilitant la « frontière ».

Car comme l'explique Vincent Coussedière[1], nous sommes au moment où « le peuple lutte pour sa survie en redécouvrant la solidarité et demain son être politique ».

Des territoires populaires « sans mixité » se dessinent tout autant dans la « France périphérique » qu'en banlieue. Le plan « mixité » des classes dominantes s'est donc fracassé sur le réel, celui des classes populaires. La xénophobie l'aurait donc emporté ? La preuve par le vote FN surreprésenté dans la « France périphérique » ? Le communautarisme l'aurait donc emporté en banlieue ? La preuve par l'islamisation ? Non.

Hinterland culturel pour tous ?

L'évolution de la communauté juive, et notamment des jeunes juifs, est révélatrice d'une évolution de fond où les constructions identitaires s'affranchissent du cadre national. À ce titre, l'émergence de la société multiculturelle et la montée de la judéophobie qu'elle entraîne, notamment dans les espaces où se concentrent les populations immigrées, participent à une forme de défrancisation des jeunes juifs qui construisent, comme beaucoup de jeunes issus de l'immigration, un hinterland culturel extranational.

1. Vincent Coussedière, *Éloge du populisme*, *op. cit.*

Du drapeau israélien brandi comme un étendard identitaire par des jeunes Français juifs, aux drapeaux algériens, marocains, tunisiens, sénégalais ou maliens, à chacun son hinterland culturel. Pour les juifs, le processus se double d'une augmentation des départs vers Israël. Selon l'Agence juive, 3 280 Français ont fait leur *aliyah* en 2013 contre 1 917 l'année précédente, une tendance de fond qui se confirme en 2014 puisqu'on estime que près de 5 000 juifs devraient quitter le territoire français pour Israël, soit près de 1 % de la population juive française mais surtout une part beaucoup plus importante des jeunes et actifs. Si l'insécurité, les tensions communautaires et la crise économique favorisent cette émigration, la question identitaire est au cœur du processus. L'identification à Israël illustre, notamment chez les jeunes juifs, la construction d'un hinterland extranational. Et souligne une forme de désaffiliation nationale qui confirme non seulement la fin d'un modèle français d'assimilation[1] mais aussi la nécessité qu'éprouvent les individus de bâtir un hinterland culturel, un « village », susceptible de répondre à l'insécurité culturelle que génère mécaniquement la société multiculturelle. Cette évolution nous éloigne de la société « United Colors of Benetton » en créant des « territoires sans ». Sans juifs

1. M. Tribalat, *Assimilation : la fin du modèle français*, *op. cit.*

(ces derniers évitent massivement depuis 15 ans le 93, les ZUS et les collèges publics), « sans blancs », « sans noirs », « sans musulmans »… Ne sommes-nous pas entrés dans le temps des petites ambitions ?

Le temps des petites ambitions

Vivre ensemble séparé[1] est aujourd'hui le prix à payer dans une société multiculturelle d'où la question sociale a été évacuée. Si le « village » est la mise en œuvre par le bas d'un retour de frontières invisibles, il n'est pas pour autant synonyme de guerre ou d'affrontement. Dans une société démographiquement instable, où les majorités et minorités sont relatives, les catégories populaires développent des stratégies de séparation qui, si elles ruinent le projet irénique des élites, n'annoncent pas mécaniquement la guerre. Entre la guerre et l'amour, il existe une palette variée de rapports de force, d'échanges et de solidarités réelles, qui dessinent non pas une société apaisée, mais une société sous tension où la fraternité est possible sous conditions. La fraternité entre des catégories populaires qui partagent souvent une perception commune des effets de la mondialisation et la même critique du projet sociétal des élites est possible

1. C. Guilluy, *Fractures francaises*, *op. cit.*, chap. X.

mais conditionnée. Elle exige la régulation des flux migratoires qui permet de réduire mécaniquement l'instabilité démographique et les tensions territoriales liées à l'angoisse de l'autochtone de devenir minoritaire. Cette description n'annonce évidemment pas l'avènement d'une société idéale, mais au contraire une société sous tension, où l'autochtone doit être rassuré pour accepter l'autre.

Après plusieurs décennies de stratégie résidentielle, d'évitement des quartiers sensibles, la France périphérique apparaît de fait comme un hinterland culturel pour les couches populaires d'origine française et/ou européenne. L'existence d'un hinterland culturel a permis de faire baisser les tensions en réduisant les territoires de contact. Compte tenu des logiques foncières, et de l'effondrement de l'offre de logements pour les catégories modestes sur les territoires attractifs, ce desserrement sera de moins en moins envisageable demain.

Mais l'hinterland n'est pas seulement associé à la « France périphérique », il peut aussi se lire à une échelle plus réduite, celle du quartier ou de l'immeuble. La perception sociale des quartiers dits sensibles des grandes métropoles occulte une dimension culturelle importante, celle d'une forme d'hinterland culturel pour des Français ou des étrangers d'origine ou de confession différente. Dans tous les cas, il apparaît que « le village » renforce le capital social en apportant une réponse à l'insécurité culturelle.

À l'heure de la mondialisation et de l'émergence de la société multiculturelle, l'« arrière-pays » ou l'« hinterland culturel » peut recouvrir différentes réalités géographiques – quartiers, villages, régions, pays d'origine – et culturelles. Si ces représentations culturelles sont le plus souvent mythifiées, apparaissant comme une réponse à la déculturation, elles servent aussi de base à une réinvention par le bas du lien social.

Plusieurs décennies de recomposition économique et sociale, de contraintes foncières et de pratiques d'évitement résidentiel, ont creusé le séparatisme social et culturel entre les couches populaires et les couches supérieures, et au sein même des catégories populaires. La relocalisation des nouvelles catégories populaires dans la France périphérique, la concentration dans les quartiers de logements sociaux des catégories populaires d'immigration récente dans les grandes métropoles, et enfin la concentration des catégories supérieures dans le parc privé de ces mêmes métropoles dessinent les contours de trois ensembles socioculturels. Ces derniers sont évidemment très schématiques et ne recouvrent qu'une partie de la diversité sociale et culturelle du pays, mais ils permettent de comprendre les ressorts de la recomposition politique.

A. Premier ensemble
La France périphérique et populaire : les catégories populaires d'origine française et d'immigration ancienne

Michèle Tribalat observe que la relocalisation des « natifs[1] » dans les petites communes touche tout particulièrement les ouvriers. En 2008, 41 % de l'ensemble des autochtones âgés de 18-50 ans habitent dans les communes de moins de 10 000 habitants, mais c'est le cas de 56 % des ouvriers autochtones. Chez les immigrés, ces proportions sont respectivement de 15 % et 14 %.

Cette évolution sociodémographique s'inscrit dans un contexte économique et social spécifique puisque ces territoires constitués d'espaces ruraux, de petites villes et de villes moyennes ont en commun d'être à l'écart des zones d'emplois les plus actives. Les fragilités économiques et sociales se sont durablement incrustées sur ces territoires d'où émergent les radicalités sociales et politiques. La « France périphérique et populaire » se distingue de plus en plus économiquement, socialement et culturellement des métropoles. La question d'un modèle de développement économique alternatif sur ces territoires est désormais posée. Le développement

1. Français d'origine française, c'est-à-dire dont les deux parents sont nés en France.

économique basé sur une offre et une demande locales (circuits courts, économie circulaire, économie sociale) est évidemment souhaitable[1], mais ces initiatives ne seront durables que si elles s'inscrivent dans un processus global de relocalisation des activités industrielles. Ce processus n'aura cependant aucune chance d'aboutir sans une remise en cause d'un modèle économique, pertinent pour les métropoles, mais destructeur pour cette France industrielle et résidentielle. Mais aucun modèle alternatif ne sera envisageable sans l'émergence d'un rapport de force politique capable de peser face au modèle économique dominant et notamment face aux métropoles. À ce titre, la disparition programmée des départements, c'est-à-dire des seules collectivités visibles pour les citoyens et qui pèsent politiquement, est un très mauvais signe pour cette France périphérique.

Politiquement, ces territoires sont ceux de la contestation. Dans un contexte de forte abstention, on observe une dynamique du vote FN. Ce constat confirme que si le contexte socio-économique pèse fortement, la question identitaire est aujourd'hui centrale pour les habitants qui se perçoivent comme les perdants de la société multiculturelle.

---

1. Exemple du projet « nouvelles ruralités » porté par les départements de l'Allier, du Cher, de la Creuse et de la Nièvre, 2014.

Cette France périphérique, potentiellement majoritaire, participe à l'introduction de la question identitaire dans le débat public. Elle porte la dynamique FN en contribuant à l'explosion de l'UMP.

En réalité, loin des débats gauche/droite, la France périphérique portera la question de l'alternative économique au modèle de l'économie mondialisée, la relocalisation, l'introduction du protectionnisme mais aussi celle de la circulation des hommes et donc de l'immigration. Territoires « ultrapériphériques », les DOM-TOM font partie de cette France périphérique et populaire. Sans métropoles, économiquement et socialement très fragiles, ces territoires perçoivent avec anxiété les effets de la mondialisation, le recul de l'État-providence et l'intensification des flux migratoires. Ici aussi, la question identitaire est au cœur des préoccupations…

B. 2e ensemble : Banlieues ethnicisées, des valeurs traditionnelles au cœur de la mondialisation libérale

Michèle Tribalat observe que ce sont les immigrés venus du Maghreb, du Sahel ou de Turquie qui se concentrent dans les grandes agglomérations, quelles que soient leurs occupations. Deux tiers résident dans une unité urbaine de 200 000 habitants ou plus, là où habitent aussi

60 % des cadres d'origine française[1]. C'est également là que résident près des deux tiers des enfants d'immigrés originaires du Maghreb, du Sahel ou de Turquie de la même tranche d'âge (18-50 ans). Contrairement aux idées reçues, la question centrale n'est pas celle de l'intégration économique et sociale de ces habitants. Si l'on tient compte du fait que ces territoires sont devenus des sas entre le Nord et le Sud, il apparaît au contraire que l'intégration économique et sociale fonctionne pour leurs habitants, notamment grâce au dynamisme du marché de l'emploi métropolitain et aux politiques publiques. L'enjeu est d'abord celui de la gestion de la société multiculturelle.

Dans un contexte métropolitain où les clivages sociaux recouvrent des clivages ethnoculturels, ces territoires font émerger de nouvelles fractures et tensions. Dans ces espaces, les questions du communautarisme mais aussi des valeurs seront ainsi de plus en plus centrales. Si l'islamisation des banlieues de ces espaces est une réalité, on ne souligne pas que c'est d'abord un système de valeurs traditionnelles qui tend à s'imposer dans ce continuum socioculturel. Un système de valeurs qui contredit fortement l'évolution culturelle et sociétale des grandes métropoles. Si ces espaces sont complètement intégrés économiquement et socialement à la ville monde, le système de valeurs auxquelles

1. Dont les deux parents sont nés en France.

adhèrent ces catégories populaires pourrait peser fortement demain dans la gestion des grandes métropoles.

C. 3e ensemble : Métropoles mondialisées et gentrifiées, le modèle libéral de la société ouverte

Aujourd'hui, l'immense majorité des catégories supérieures et des hauts revenus se concentrent dans les espaces embourgeoisés et gentrifiés des grandes métropoles. Si la bourgeoisie traditionnelle est présente depuis longtemps, elle a été rejointe par la nouvelle bourgeoise urbaine plus jeune et intellectuelle. Cette sociologie d'en haut permet d'ailleurs de réactiver un clivage droite-gauche à l'intérieur des grandes villes entre une bourgeoisie traditionnelle vieillissante et « boboland ». Un clivage relatif tant les points d'accord sont nombreux. Libéralisme économique et sociétal (à l'exception de la frange catholique de la bourgeoisie traditionnelle), ouverture au monde, sont ainsi partagés par l'essentiel de ces catégories supérieures. Tenantes du pouvoir économique et culturel, elles sont aujourd'hui les derniers soutiens des grands partis et surtout du modèle économique dominant. Rempart autodésigné au « populisme », elles interdisent de fait la visibilité des aspirations des catégories populaires.

Compte tenu des évolutions politiques, il n'est pas improbable que ce continuum socioculturel contribue demain à un rapprochement entre la droite modérée et le parti socialiste. Ce grand bloc politique libéral pourrait d'ailleurs s'appuyer sur la nouvelle organisation territoriale qui renforcera le pouvoir des métropoles. Face à la contre-société qui vient de la France périphérique aux banlieues, cette alliance aurait le mérite de construire les bases de véritables clivages idéologiques.

Vent mauvais : l'évolution du rapport à l'État-providence

Le sociologue et politologue américain Robert Putnam[1], un chercheur proche de la gauche américaine, avait mis au jour le dépérissement du « capital social » à l'échelle du pays, c'est-à-dire de tous les aspects de la vie collective, dans les villes multiculturelles. Si cette analyse reste spécifique à la réalité américaine marquée par le communautarisme, elle interroge plus largement l'évolution du rapport à l'État et singulièrement à l'État-providence dans la société multiculturelle qui

1. Jean-Louis Thiébault, « Les travaux de Robert D. Putnam sur la confiance, le capital social, l'engagement civique et la politique comparée », *Revue internationale de politique comparée*, 2003/3 (vol. X).

émerge en France. Les sondages révèlent d'ailleurs un fort raidissement des Français sur la gestion de l'État-providence. L'opinion selon laquelle « il y a trop d'assistanat[1] et que beaucoup de gens abusent des aides sociales » rencontre l'assentiment d'environ 80 % des personnes interrogées. Ce pourcentage, très élevé depuis plusieurs années, tend par ailleurs à augmenter. Tendance paradoxale à un moment où la précarisation de la société française n'a jamais été aussi forte et surtout où la « demande d'État » n'a jamais été aussi importante.

En réalité, il faut comprendre cette évolution à la lumière d'une société multiculturelle naissante. Le sentiment général n'est pas que l'on souhaite « moins d'État » ni moins de prestations sociales pour soi-même mais pour les « autres ». Dans un sondage Ifop[2], 67 % des Français estiment que l'on en fait plus pour les immigrés que pour eux. Les choses se précisent donc. Le logement est un bon exemple de l'évolution d'une politique publique dans le contexte de l'émergence d'une société multiculturelle. L'immense majorité des Français est convaincue de la nécessité de construire du logement social mais comme ce type de logement tend à se spécialiser dans l'accueil des populations immigrées, on fera tout pour limiter son développement. Le paradoxe peut être ainsi

1. *Journal du dimanche*-Ifop, novembre 2012.
2. *Valeurs actuelles*-Ifop, novembre 2013.

résumé : alors même que les besoins en logements sociaux et en prestations n'ont jamais été aussi forts, les Français, notamment les plus modestes, préfèreront restreindre le champ d'action d'un État-providence soupçonné d'aider prioritairement les immigrés.

Noémie Houard[1] note que, s'il n'existe pas de modèle de logement social européen, on observe une tendance à la baisse de la part des logements sociaux et au « recentrage sur les populations fragiles ». En France, l'État tend à rompre avec la logique « universaliste » pour cibler son action sur des populations de plus en plus précaires. La question du « public-cible », en particulier, est du reste au cœur des réflexions partout en Europe. Sur la base des règles du marché unique et de la concurrence, les pays dans lesquels le parc social est destiné à l'ensemble de la population, à l'image des Pays-Bas ou de la Suède, ont ainsi dû réviser leur système début 2011. Bien que les raisons soient différentes, en France, l'ensemble des lois adoptées depuis 2007 vont, elles aussi, dans le sens d'une plus grande spécialisation sociale des HLM. C'est notamment le cas de la loi dite « Dalo » (droit au logement opposable). Cette spécialisation du logement social n'est évidemment pas décrite comme une spécialisation d'une partie de ce parc vers

1. « Le logement social en Europe : la fin d'une époque ? », *Métropolitiques*, 9 avril 2012.

l'accueil des populations fragiles et immigrées. Cela correspond pourtant à l'évolution observée sur de nombreux territoires, notamment dans les quartiers de logements sociaux des grandes métropoles. Dans les ZUS, qui concentrent une part importante du parc social des grandes villes, la part des populations immigrées ne cesse d'augmenter. En 2011[1], 52,6 % des habitants des ZUS étaient immigrés, cette part étant de 64 % en Île-de-France. L'autoexclusion d'une partie des catégories modestes du parc social sur des critères ethnoculturels non dits accélère cette spécialisation. La politique de la ville apparaît de fait comme une politique publique prioritairement dirigée vers les seules populations immigrées. Elle est ainsi fortement contestée, non sur ses principes (aider des territoires en difficulté), mais parce qu'elle ne s'adresse pas à toutes les catégories populaires.

Conscient de ces évolutions, l'ex-ministre de la Ville, François Lamy, avait décidé de redéployer la géographie de la politique de la ville en ciblant non plus exclusivement les banlieues sensibles mais aussi les petites villes de la France périphérique. Précisément là où la contestation de l'État-providence est la plus forte et où le sentiment d'abandon « par rapport aux banlieues » le plus aigu. La carte des petites villes qui entrent dans la géographie prioritaire

1. Rapport ONZUS, 2011.

correspond pour partie aux territoires où le FN a le plus progressé ; on y retrouve notamment Villers-Cotterêts, Villeneuve-sur-Lot ou Guéret.

Mais n'est-il pas trop tard ? L'idée que les pouvoirs publics ont investi en vain des milliards pour les seules populations immigrées participe à une critique plus large de l'État-providence. La progression du sentiment d'illégitimité des politiques publiques, particulièrement en France, rappelle les analyses de Robert Putnam sur les sociétés multiculturelles[1].

En effet, la remise en cause de la légitimité de l'État-providence dans un pays qui attache par ailleurs autant d'importance aux services publics et à l'État est le signe d'un basculement politique et sociétal majeur. C'est le paradoxe de la situation actuelle qui dénote la perversité d'un système libéral et mondialisé : demain, la critique de l'État-providence ne sera plus portée par en haut mais par ceux-là mêmes qui en ont le plus besoin.

1. Jean-Louis Thiébault, « Les travaux de Robert D. Putnam sur la confiance, le capital social, l'engagement civique et la politique comparée », *op. cit.* Robert D. Putnam, *Bowling Alone : The Collapse and Revival of American Community*, Simon & Schuster, 2000.

Conclusion

Tout était écrit. C'était au siècle dernier. La classe moyenne avait implosé, les classes populaires étaient devenues invisibles, les banlieues résumaient la question sociale, le modèle économique et sociétal des classes dominantes pouvait alors régner sans résistance. Une organisation d'autant plus efficace que le système politique reposait en fait sur une alternance unique et un corps électoral largement abstentionniste. Miroir territorial de ces évolutions, les métropoles mondialisées s'imposaient comme un horizon indépassable. C'était hier.

Depuis le début des années 2000, l'édifice est fragilisé, non pas par les « banlieues » mais par les catégories populaires que l'on croyait définitivement sorties de l'Histoire. Depuis les territoires de la France périphérique, c'est le modèle d'une oligarchie triomphante qui est contesté, par le bas.

Cauchemar des classes dirigeantes, cette France périphérique fait voler en éclats toutes les croyances dans un modèle unique. Ce qui se joue désormais n'est pas une controverse entre la « gauche » et la « droite », entre « progressistes » et « populistes », entre le « camp du bien » et le « camp du mal », mais un affrontement pour l'émergence d'une contre-société qui puisse assurer la réintégration économique, politique et culturelle des couches populaires.

Ce conflit idéologique majeur entre les gagnants et les perdants de la mondialisation, entre les tenants du « village » et celui d'un monde « hors sol » n'est pas spécifique à la France et explique la recomposition politique à l'œuvre partout en Europe.

Vécue comme une catastrophe par les élites, cette nouvelle ligne de fracture politique, qui replace le destin des classes populaires au centre du débat, fait émerger les vrais sujets. Comment, par exemple, élaborer un modèle économique complémentaire (et non alternatif) pour la France périphérique sans évoquer le protectionnisme, qui par ailleurs apparaît aussi comme une entrave au développement des métropoles ? Ce débat économique et sociétal ne pourra faire l'impasse sur une question fondamentale en milieu populaire, celle des effets de la société multiculturelle.

Cette société où l'autre ne devient plus soi, où les minorités et majorités ne sont plus que relatives, annonce aussi le temps des « identités malheureuses[1] » ou des « identités heureuses » selon

1. Alain Finkielkraut, *L'Identité malheureuse*, Stock, 2013.

que l'on a ou non les moyens de la frontière invisible avec l'autre. Privés de ces moyens, les milieux populaires ont accéléré l'élaboration de continuums socioculturels. Si l'opposition entre la France périphérique et la France des métropoles rappelle le point de vue singulier des « sédentaires » et celui des « nomades », le rapport à l'autre ne connaît pas de spécificité territoriale, il est universel. C'est d'ailleurs en décentrant le propos et en replaçant le « conflit » dans sa dimension universelle que l'on peut faire baisser les tensions. L'évocation de la question du rapport à l'autre et de l'immigration suscite toujours des incompréhensions. Pour évoquer le sujet, lorsque je travaille en banlieue, j'utilise toujours cette parabole : c'est l'histoire d'un village qui accueille une famille d'immigrés, l'accueil est plutôt positif, la famille trouve un logement, les parents un emploi, les enfants sont scolarisés. Cette famille fait venir des cousins. Même procédure, même contexte, les cousins s'insèrent dans le contexte local. Puis, ces cousins font venir des amis qui eux-mêmes accueillent de nouveaux immigrés… et là les choses se tendent. Après avoir exposé cette histoire, je pose la question au public présent (souvent issu de l'immigration maghrébine et subsaharienne) : « D'après vous où se situe ce village ? » Les réponses sont le plus souvent identiques : « C'est un village de racistes, certainement situé dans le sud de la France. » J'explique alors qu'il s'agit en réalité d'un village kabyle et que l'immigration dont je parle concerne celle de Chinois en Algérie. Surpris, le public répond qu'une immigration massive n'est envisageable dans aucun village kabyle. Cette parabole permet de comprendre que l'anxiété que provoque l'idée de devenir minoritaire est en réalité universelle.

L'exemple des drapeaux algériens qui inondent les rues de France à chaque match de l'Algérie suscite régulièrement des débats sur « l'intégration », « la guerre d'Algérie », « le racisme ». On ne voit pas, là encore, que nous sommes dans un registre absolument banal et universel : la réaction d'une population face à la présence de drapeaux étrangers. Décentrons une nouvelle fois le propos. Que se passerait-il si des dizaines de milliers de supporters chinois, ces travailleurs immigrés qui occupent bon nombre d'emplois dans le secteur du bâtiment algérien, envahissaient les rues d'Alger avec leur drapeau national pour fêter leur équipe ? Cette approche universelle du rapport conflictuel à l'autre, qui n'interdit évidemment pas la fraternité, offre une lecture plus rationnelle des dynamiques sociales et culturelles à l'œuvre dans la société française. Et, *in fine*, elle permet d'aborder plus sereinement la question des flux migratoires et du multiculturalisme.

Avec ou sans les partis politiques, une contre-société émerge dans la France périphérique et plus généralement dans tous les milieux populaires quelles que soient leurs origines. Relocalisation, attachement à un capital d'autochtonie, à des valeurs traditionnelles (notamment en banlieue), les catégories populaires se sont déjà affranchies de la doxa des classes dominantes.

Sans visibilité ni poids politique, les nouvelles classes populaires exercent déjà une pression sur l'ensemble du système de représentation politique, pression qui aboutira mécaniquement à une recomposition des partis politiques. Sans une implosion du système politique traditionnel et la création ou le renforcement d'institutions (comme les départements) susceptibles de représenter cette France populaire, le morcellement et l'éclatement de la société française paraissent inéluctables.

Sans l'émergence de cette nouvelle géopolitique, c'est-à-dire de nouveaux rapports de force, le risque est réel de voir les radicalités sociales et politiques se multiplier et le conflit muter vers une forme de « guerre à basse tension ».

Glossaire

Aire urbaine de l'Insee : Une aire urbaine ou « grande aire urbaine » est un ensemble de communes, d'un seul tenant et sans enclave, constitué par un pôle urbain (unité urbaine) de plus de 10 000 emplois, et par des communes rurales ou unités urbaines (couronne périurbaine) dont au moins 40 % de la population résidente ayant un emploi travaille dans le pôle ou dans des communes attirées par celui-ci. Le zonage en aires urbaines 2010 distingue également : les « moyennes aires », ensemble de communes, d'un seul tenant et sans enclave, constitué par un pôle urbain (unité urbaine) de 5 000 à 10 000 emplois, et par des communes rurales ou unités urbaines dont au moins 40 % de la population résidente ayant un emploi travaille dans le pôle ou dans des communes attirées par celui-ci ; les « petites aires », ensemble de communes, d'un seul tenant et sans enclave, constitué par un pôle (unité urbaine) de 1 500 à 5 000 emplois, et par des communes rurales ou unités urbaines dont au moins 40 % de la population résidente ayant un emploi travaille dans le pôle ou dans des communes attirées par celui-ci.

Pôle urbain de l'Insee : Le pôle urbain est une unité urbaine offrant au moins 10 000 emplois et qui n'est pas située dans la couronne d'un autre pôle urbain. On distingue également des moyens pôles, unités urbaines de 5 000 à 10 000 emplois, et les petits pôles, unités urbaines de 1 500 à moins de 5 000 emplois.

Commune multipolarisée : Les « communes multipolarisées des grandes aires urbaines » sont les communes dont au moins 40 % des actifs occupés résidents travaillent dans plusieurs grandes aires urbaines, sans atteindre ce seuil avec une seule d'entre elles, et qui forment avec elles un ensemble d'un seul tenant.

Les « autres communes multipolarisées » sont les communes situées hors des grandes aires urbaines, des moyennes aires, des petites aires, hors des communes multipolarisées des grandes aires urbaines dont au moins 40 % des actifs occupés résidents travaillent dans plusieurs aires, sans atteindre ce seuil avec une seule d'entre elles, et qui forment avec elles un ensemble d'un seul tenant.

Commune périurbaine : Les communes périurbaines sont les communes des couronnes périurbaines et les communes multipolarisées.

Commune rurale : Une commune rurale est une commune n'appartenant pas à une unité urbaine. Les autres communes sont dites urbaines.

Commune urbaine : Une commune urbaine est une commune appartenant à une unité urbaine. Les autres communes sont dites rurales.

Commune isolée hors influence des pôles : Ensemble des communes situées hors des grandes aires urbaines, des moyennes aires et des petites aires et qui ne sont pas multipolarisées.

Couronne périurbaine : La couronne recouvre l'ensemble des communes de l'aire urbaine à l'exclusion de son pôle urbain. Ce sont des communes ou unités urbaines, dont au moins 40 % des actifs résidents travaillent dans le pôle ou dans les communes attirées par celui-ci.

Couronne du pôle rural de l'Insee : La couronne du pôle rural comprend les communes (ou unités urbaines) n'appartenant pas à l'espace à dominante urbaine et dont 40 % ou plus des actifs résidents travaillent dans le reste de l'aire d'emploi de l'espace rural.

Zonage en aires urbaines / ZAU de l'Insee : Jusqu'en octobre 2011, le zonage en aires urbaines (ZAU) décline le territoire en quatre catégories. La première représente l'espace à dominante rurale qui comprend à la fois des petites unités urbaines et des communes rurales. Les trois autres constituent l'espace à dominante urbaine : ce sont les pôles urbains, les couronnes périurbaines et les communes multipolarisées.

Depuis octobre 2011, le zonage en aires urbaines de 2010 permet d'obtenir une vision des aires d'influence des villes (au sens d'unités urbaines) sur le territoire. Il partage le territoire en quatre grands types d'espaces : espace des grandes aires urbaines, espace des autres aires, autres communes multipolarisées et communes isolées, hors influence des pôles. Dans les espaces des grandes aires urbaines et des autres aires, on distingue les pôles et les couronnes de ceux-ci. Le zonage en aire urbaine 2010 est basé sur les données du recensement de la population de 2008 et plus particulièrement sur celles relatives à l'emploi et aux déplacements entre le domicile et le lieu de travail.

Zone urbaine sensible : Les zones urbaines sensibles (ZUS) sont des territoires infra-urbains définis par les pouvoirs publics pour être la cible prioritaire de la politique de la ville, en fonction des considérations locales liées aux difficultés que connaissent les habitants de ces territoires. La loi du 14 novembre 1996 de mise en œuvre du pacte de relance de la politique de la ville distingue trois niveaux d'intervention : les zones urbaines sensibles (ZUS) ; les zones de redynamisation urbaine (ZRU) ; les zones franches urbaines (ZFU). Les trois niveaux d'intervention ZUS, ZRU et ZFU, caractérisés par des dispositifs d'ordre fiscal et social d'importance croissante, visent à répondre à des degrés différents de difficultés rencontrées dans ces quartiers.

Ville en archipel, métropolisation : La « ville en archipel » est une expression de Pierre Veltz développée notamment dans son ouvrage *Mondialisation, villes et territoires : l'économie d'archipel* en 1996. Il démontre que dans nos économies de la connaissance, loin de s'étaler ou de se dissoudre dans la télé-activité, les grandes villes concentrent une part croissante de la richesse et du pouvoir (et aussi de la pauvreté) sur l'ensemble de la planète. Ces villes s'organisent d'ailleurs de plus en plus en grappes formant de grandes régions métropolitaines. Une « économie d'archipel » émerge, qui croise transversalement le système des États-nations et des économies dites « nationales ». Ce processus de métropolisation soulève de nouveaux enjeux politiques.

Table

Composition et mise en pages
Nord Compo à Villeneuve-d'Ascq

N° d'édition : L.01EHQN000832.B006
Dépôt légal : septembre 2015
Imprimé en Espagne par Novoprint (Barcelone)